신부님의 속풀이 처방전 1
# 벗어야 산다

홍성남 신부 지음

오리진

프롤로그

# 자, 벗어봅시다

저는 어린 시절부터 청년기까지 어리바리하게 살았습니다. 마치 우물 안 개구리처럼 내 안에 매몰되어 살았고, 온실 안의 식물처럼 현실감 없이 공상 속에서 살았습니다. 그래서 다른 사람들의 말귀도 못 알아듣고(지금도 그렇지만) 사오정처럼 딴소리하기 일쑤였습니다. 사람들이 그런 나를 괴짜 취급하는 것도 당연했습니다. 그러니 대화 상대도 없었습니다. 그런데도 내게 문제가 있다는 생각은 못하고 나를 이해하지 못하는 남들 탓만 했습니다. 그 상태에서 벗어나려고 노력하는 대신 내 안에 더 높고 견고한 벽을 만들었지요. 그 안에 나만의 세상을 만들어놓고는 밖으로 나올 생각을 하지 않

있었습니다. 낮에는 공상, 밤에는 꿈으로 사는 공중에 붕 뜬 삶이었습니다.

그러다가 군대에 가게 되었습니다. 정신이 번쩍 들었습니다. 난생처음 몸으로 사는 삶을 살았고, 공상이 아닌 현실을 살게 되었습니다. 우울증과 불안증, 강박증과 결벽증, 분열증…… 걸어 다니는 정신병원이었던 제가 정말로 정신병원에 입원하지 않을 수 있었던 건 순전히 대한민국 군대 덕분이었습니다. 군대 덕분에 우물 밖으로 조금 머리를 내밀 수 있었지요.

하지만 군대를 제대하고 시간이 흐르면서 병이 도졌습니다. 다시 시작된 심리적 방황은 어느 때보다 심각했지요. 아무 일도 안 하고 방 안에 틀어박혀 하루하루 시간만 죽였습니다. 그러다가 절에 들어가서 수도승이 될 생각을 했지요. 어느 날은 동네 아줌마가 저를 보더니 그러더군요.

"얼굴에 신기가 있어."

그 말에 박수무당이 될까 진지하게 고려해보기도 했습니다.

결국 신학교의 문을 두드리게 된 것은 어려서부터 성당에 다닌 경험 때문이었을 겁니다. 신학교에만 들어가면 내 인생의 모든 숙제가 풀릴 것 같았습니다. 그러나 신학교생활은 또 다른 물음의 연속이었고, 그 물음은 신학교를 졸업하고 서품을 받은 후에도 계속되었습니다. 사제생활을 하는 동안에도 마찬가지였습니다. 힘들어서 신부 노릇 못하겠다고 징징대기도 했지요. 어떻게 하면 내 마음감옥에서 벗어날 수 있을까 싶어 책도 읽어보고 스승도 찾아 헤맸지만 답답한 마음은 여전했습니다. 누구도 시원한 답을 주지 않았습니다. 꼭 집어서 "당신 문제가 이런 것이니 이렇게 해보시오" 하는 말을 듣고 싶었는데, 정작 이런 말만 들었습니다.

"믿음이 약해서 그러니 굳건한 믿음을 가지세요."

"하느님 뜻에 따라 살면 됩니다."

"기도가 부족해서 그렇습니다. 열심히 기도하십시오."

답답함은 더욱 커져만 갔습니다. 그러다가 우연히 심리 상담을 받을 기회가 생겼습니다. 오랜 기간에 걸쳐 상담을 받으면서 새로운 세상이 열렸습니다. 가슴속이 뻥 뚫렸습니다. 비로소 내가 가진 문제들을 볼 수 있었고, 그 문제들의 원인을 알 수 있었고, 그러니 당연하게 해결책이 보였습니다. 인생의 숙제가 풀린 기분이었습니다. 그렇게 마음의 감옥에서 벗어날 수 있었습니다. 수십 년을 걸치고 있던 죄책감의 옷, 열등감의 옷, 원망의 옷, 허위의 옷을 다 벗고, 맺히고 꼬인 것들을 풀고 나니 그렇게 시원할 수가 없었습니다.

그 후 심리학에 푹 빠져 상담심리학을 공부했습니다. 대학원에 들어가 시간과 체력을 쪼개가며 공부하는데 그렇게 즐거울 수가 없었습니다. 그리고 교우 분들을 대상으로 상담을 하기 시작했지요. 그러면서 놀라운 사실을 발견했습니다. 적지 않은 분들이 예전의 나와 비슷한 문제로 고민하고 고통을 겪고 있다는 사실이었습니다. 그래서 지금은 본당 사목도 영성심리상담의 관점에서 하며 교우 분들의 마음을 치유하기 위해 노력하고 있습니다.

하느님이 누구인가를 알려면 신학을 공부해야 하고, 육체적인 질병의 원인을 알려면 의학을 공부해야 하듯이 마음의 병의 원인을 알기 위해서는 마음을 이해하는 공부를 해야 합니다. 그래서 책을 쓰기 시작했습니다. 자신의 마음을 이해하고 스스로 치유하는 방법을 조금이나마 교우 분들에게 알려드리고 싶었습니다. 힘든 세상살이, 이왕이면 웃으며 읽으시라고 나름대로 유머감각을 발휘해서 썼습니다.

부디 재미있게 읽으면서 토닥토닥 자신의 마음을 다독여주시기 바랍니다.

재개발로 폐허가 된 공터에 우뚝 솟아 있는 가좌동성당에서 홍성남

| 차례 |

프롤로그　자, 벗어봅시다　　　　　　　　　　• 004

# 나 벗기,
## 사람 잡는 착하니즘

| 화, 아직도 참고 사세요? | • 015 |
| 남 일에 힘 빼지 말고 내 삶에 힘 쓰세요 | • 020 |
| 미운 짓 하는 사람, 실컷 미워하세요 | • 024 |
| 짜증도 잘 풀어야 건강해집니다 | • 029 |
| 적당한 불안감은 삶에 활력을 줍니다 | • 034 |
| 긍정이 주는 매력 | • 039 |
| '넌 참 괜찮은 사람이야' 효과 | • 044 |
| 용서는 결국 '나'를 위한 것 | • 049 |
| 사람 잡는 착한 사람 콤플렉스 | • 054 |
| 솔직하게 사세요, 속이 후련해집니다 | • 059 |

## 가족 벗기.
# 가족은 외계인

| | |
|---|---|
| 사랑도 없이 결혼한다구요? | · 067 |
| 가정은 외계인이 모여 사는 곳 | · 072 |
| 아이를 살리기도, 죽이기도 하는 기대감 | · 078 |
| 부모가 먼저 웃어야 아이도 따라 웃습니다 | · 084 |
| 주고도 욕먹는 이유를 아십니까 | · 090 |
| 가족의 행복을 바라기 전에 자신부터 행복하세요 | · 095 |
| 사랑도 주는 법에 따라 약이 됩니다 | · 100 |
| 내가 듣기 싫은 잔소리, 하지도 맙시다 | · 106 |
| 지구를 지키는 것은 독수리 5형제가 아니라 어머니 | · 113 |
| 진짜 부모가 되려면 | · 119 |

## 관계 벗기.
# 사람이 남는 장사

| | |
|---|---|
| 먹는 자리가 즐거운 사람이 행복한 사람 | |
| 사람이 가장 남는 장사 | · 127 |
| 인기 있는 사람이 돼야 하는 이유 | · 132 |
| 말 잘하는 사람이 좋은 사람 | · 143 |

자기 감정을 조절하지 못하면 · 149
뒷담화는 관계를 망치는 독 · 154
잘 쉬는 사람이 사랑도 잘합니다 · 158
솔직하게 자신을 드러내는 것이 진짜 겸손 · 164
같이 일하기 좋은 사람 · 168
선물 주고 싶은 사람 되는 법 · 172
가끔 미움 받는 것도 이웃사랑 · 177
함께할 때 행복해집니다 · 182

# 마음 벗기,
# 마음 쉬는 곳
# 만들기

마음감옥에서 탈출하는 열쇠는 믿음뿐 · 189
작은 목표만 세워도 인생은 즐거워집니다 · 195
결과보다 중요한 것은 즐거운 마음 · 201
긍정적으로 살면 인생도 술술 잘 풀립니다 · 206
'좋아질 거야, 괜찮아지겠지' 효과 · 212
평생 써먹을 수 있는 재능 하나 개발하세요 · 218
가끔은 빈둥빈둥 치료법이 필요합니다 · 224
징징거릴 시간에 박장대소하세요 · 230

행복은 마음공부에서 시작됩니다 · 235
건강한 인생 필수품, 기도 · 242
거룩한 신부가 아닌 좋은 아버지를 만나야 · 248
마음이 쉬는 곳 만들기 · 252

**에필로그** 다 벗으니 편하시죠 · 257

## 01

## 나 벗기.
## 사람 잡는 착하니즘

내가 행복해야, 살맛을 느껴야 다른 사람에게 내가 가진 행복을 나누어줄 수 있습니다. 자기 삶이 불행한데 남을 행복하게 만들겠다고 나서는 사람은 세상에 둘도 없는 바보입니다.

# 화, 아직도 참고 사세요?

· · · · 화는 마음속에 생긴 배설물

옛날, 어느 수도원에서 고령의 수도자들이 같은 날 사망해서 하느님께 면접을 보러 가게 되었습니다. 수도생활을 잘해 '성인' 평판을 듣던 수도자들이라 하느님은 이들을 반갑게 맞이하며 한집에서 같이 살자고 하셨습니다. 그런데 한 달 후, 하느님은 인사발령을 다시 내셨습니다. 한 사람은 화장실 근무, 한 사람은 천당 교도소 근무, 한 사람은 하느님 비서실장으로 말이지요. 화장실과 교도소로 근무지가 바뀐 수도자들은 거칠게 항의했습니다.

"하느님, 너무하십니다. 우리가 비서실장으로 발령이 난 수사보다 기도도 더 많이 하고 희생도 더 많이 하는데 왜 그런 한직을 주시는 겁니까?"

두 사람의 항의를 잠자코 듣고 있던 하느님이 말씀하셨습니다.

"다 맞는 말이다. 그런데 넌 화를 너무 참아서 마음이 변비에 걸렸느니라. 그래서 늘 똥 마려운 얼굴을 하고 있으니 널 볼 때마다 마음이 불안하다. 그래서 화장실로 발령을 낸 것이고, 또 넌 말로는 남을 용서한다고 하면서 눈은 호랑이처럼 부라리고 다니니 무서워서 어디 가까이나 가겠느냐? 넌 교도소가 적격이니라."

"하지만 하느님, 쟤는 왜 비서실장을 시켜주신 거예요? 늘 버럭버럭 화를 내고 구시렁거리면서 다니잖아요."

"쟤는 겉으로는 성질이 더러워 보여도 다 뱉어내고 마음속에 쌓인 것이 없어서 뒤끝도 없느니라. 그래서 내 곁에 두려고 한다."

'참을 인이 세 개면 살인도 면한다', '웃는 얼굴에 침 못 뱉는다'는 말들이 강조하는 것은 화를 내면 안 된다는 것입니다. 우리는 어려서부터 화를 참아야 한다고 배우고 자랐습니다. 그러나 화는 풀어야 하는 것이지 참아야 하는 것이 아닙니다. 화를 풀지 않고 속에 쌓아두면, 본인 스스로는 절대로 화를 내지 않는다고 해도 무의식적으로 화를 내고 다니게 됩니다. 눈은 호랑이처럼 뜨고, 말에는 가시가 돋고, 온몸에서 분노의 기운을 발산합니다. 그래서 사람들이 가까이하려 하지 않지요.

화를 참으면 병도 잘 걸립니다. 분노는 불과 같은 에너지여서 억누르면 그 기운이 신체의 가장 취약한 부분을 공격합니다. 그래서 신경증이라는 이름이 붙은 병들이 생기고, 심지어 암을 일으키기도 하지요.

화를 참으면 사고를 치기도 쉽습니다. 참다 참다 눈이 뒤집혀서 상황 판단을 못하고 비이성적인 행동을 저지르게 되는 것입니다. 병원에서 사목(신자를 양, 사제는 목자로 비유해 사제가 신자들을 영적으로 돌보는 것)을 한 적이 있지요. 그 병원에는 화상병동이 있었는데, 연옥(죽은 사람의 영혼이 천국에 들어가기 전 자신을 돌아보는 시간을 갖는 곳. 혹은 천상에서 살 준비를 하는 곳이라는 개념을 갖는 영적인 장소. 혹은 연옥물에 단련을 받는 곳이라고도 함)을 연상케 하는 곳이었습니다. 사람의 살 탄 냄새는 아주 고약했지요. 부부싸움을 하고 난 후 가스를 튼 채 불을 질러서 부부 모두 전신화상을 입고 오는 경우도 있었습니다. 이런 일들의 공통점은, 불을 지른 사람들이 평소에는 샌님처럼 조용하게 지낸다는 것입니다. 화를 누르고 누르다가 한순간에 그만 폭발하고 만 것이지요.

　화는 마음속에 생긴 배설물입니다. 그래서 잘 풀어야 합니다. 우리가 하루에도 몇 번씩 화장실을 들락거리며 배설하듯이, 마음속에 생긴 불쾌한 감정도 바로바로 배설해야 합니다. 옛날 며느리들이 다듬이질을 하며 화를 풀었듯이 물건을 이용하는 것도 좋은 방법입니다. 저는 방에 샌드백을 달아놓고 화가 날 때마다 두들겨 팹니다. 감당하기 어려울 정도로 화가 치밀어서 스스로 깜짝 놀라기도 하고, 이러다가 미치는 것 아닌가 불안하게 하기도 하지만 샌드백을 치다보면 화가 줄어드는 것이 느껴집니다. 참으로 신기한 점은 어떤 날은 늘 매달려 있는 샌드백이 보이지 않는다는 것입니다. 화가 완전히 풀린 것이지요. 그러다가 다시 화가 나면 보이고, 또 팹니다. 샌드백은 제 영성생활의 필수품입니다.

　고래고래 소리 지르기도 효과적입니다. 심리학을 공부하기 전에는 밤길을 걷다가 버럭버럭 소리를 지르고 욕을 하며 가는 취객을 보면 이상한 사람이라고 생각했는데, 이제는 자기 감정에 솔직한 사람이 건강하다는 생각이 듭니다. 그래서 술 한 잔 걸친 밤, 사람이 없는 도로변을 걸으며 고래고래 소리를 쳐보았지요. 마음속 깊숙이 숨어 있던 찌꺼기 감정들까지 올라오는 대로 모두 토해냈더니 정말 속이 후련하더군요. 물론 이때는 모자를 깊숙이 눌러 써서 얼굴을 가려야 합니다.

고래고래 소리 지르지 않고, 구시렁거리기만 하는 것으로 화가 풀리기도 합니다. 지금은 고인이 된 사회심리학자 모리 슈워츠(Morrie Schwartz) 박사도 구시렁구시렁거리면서 걷는 것으로 마음의 편안함을 얻었습니다. 자동차 안도 현대인에게는 화를 풀기 좋은 장소입니다.

하느님이 성내지 말라고 하신 말씀은 상대방에게 직접 화를 내지 말라는 뜻이지, 혼자 화를 풀지 말라고 하신 뜻은 아닙니다. 주님도 한 성질 하셨던 분입니다. 자신의 감정을 참지 않으셨지요. 화는 만병의 근원입니다. 참으면 몹쓸 병이 됩니다. 화 풀고 삽시다. 그러면 건강해집니다.

# 남 일에 힘 빼지 말고
# 내 삶에 힘 쓰세요

· · · · 자꾸만 남의 말을 하게 되는 까닭

옛날에 간음한 여인을 돌로 치라고 한 사람들이 있었습니다. 나이 먹은 남자부터 젊은 남자까지, 여자를 돌로 치자고 난리를 치는 동안 예수님은 말없이 땅바닥에 무엇인가를 쓰고 계셨습니다. 예수님이 땅바닥에 쓰신 글의 내용은 무엇이었을까요?

1. 곗돈 부은 액수를 쓰셨다.
2. 원래 흙장난을 좋아하셔서 장난을 하신 것이다.

3. 여자를 편들다가 돌 맞을까봐 딴전을 피우신 거다.
4. 거기 있는 사람들이 지은 죄를 일일이 기록하고 계셨다.

   교회의 야사(野史)에 의하면, 답은 4번입니다. 왜냐하면 무엇인가를 다 쓰신 후 사람들에게 너희 가운데 죄 없는 사람이 여자를 돌로 치라고 하셨기 때문입니다. 그 바람에 속을 들킨 사람들이 쑥스러운 마음에 돌을 내려놓고 돌아섰지요. 그런데 이렇게 돌아설 사람들이 왜 여인을 죽이려고 돌까지 들었던 것일까요?
   우리 마음의 방어기제 가운데 '반동형성'이라는 것이 있습니다. 속마음을 숨기기 위해 정반대의 행동을 하는 것이지요. 예를 들어, "부자들은 다 도둑놈들이야!"라고 입에 거품을 무는 사람들은 사실 부자가 되고 싶은 마음은 간절한데 그 소망이 좌절되어 화가 난 것입니다. 또 부정을 저지른 사람들을 쫓아내야 한다고 소리 높여 외치는 사람들 역시 부정을 저지를 가능성이 높은 사람들입니다. 남을 심하게 비난하는 사람들일수록 그보다 더한 짓을 할 수 있다는 점을 아시고 하느님은 함부로 남을 판단하지 말라고 하셨던 것입니다.
   그렇다면 간음한 여인에게 돌을 던지려고 한 사람들의 마음속에는 무엇이 들어 있었을까요? 단순히 여인이 율법을 어겨서 화가 난 것일까요? 그렇지 않습니다. 여인의 비윤리성을 비난하는 남자들의 마음속에는 여인에 대한 성적인 욕구가 부글부글 끓어오르고 있었습니다. 자신이 그 여인과 간음할 기회를 갖지 못한 게 화가 나서 여인에게 돌을 던지려고 했던 것입니다. 예수님은 이런 점을 예리하게 간파하셨고, 그들의 어두운 마음속을 땅바닥에 글로 써서 그들을 수치스럽게 만드셨습니다.

다른 사람의 잘못을 보고 분노가 생길 때는 그들을 윤리적으로, 또 법적으로 단죄하기에 앞서 왜 자신이 분노하는지 그 근원을 들여다보아야 합니다. 남의 잘못을 비난하는 것만큼 쉬운 일은 없지만 분노하는 자기 자신의 문제를 보는 일은 참 어렵지요. 사실 남의 잘못에 대해 말하는 것만큼 재미있고 신나는 일도 없습니다. 어느 집단상담 모임에서 서로의 장점을 이야기해보라고 했더니 시간이 갈수록 속이 불편하다는 사람들이 속출했답니다. 그런데 단점을 지적하는 시간을 갖자고 하니 다들 얼굴에 생기가 돌고 활력이 넘치더랍니다.

신부들이 강론을 하면서 신자들에게 가장 많이 하는 소리가 남의 말 좀 그만하라는 것입니다. 그러나 다른 사람의 결점을 보고서도 입을 봉하기는 무척 어렵습니다. 오죽하면 "임금님 귀는 당나귀!"라고 외친 이발사 이야기가 나왔을까요. 그런데 좋지 않은 습관임을 알면서도 자꾸만 남의 말을 하게 되는 까닭은 무엇일까요?

답은, 힘이 남아돌아서입니다. 아파서 죽을 지경인 사람들은 남의 말을 안 합니다. 아니, 못합니다. 내 몸 하나 건사하기도 힘든데 남한테까지 신경을 쓸 여유가 없는 것이지요.

그렇다고 일부러 아플 수는 없으니, 남의 말 하지 않으려면 어떻게 해야 할까요? 답은 아주 간단합니다. 다른 사람들의 삶에 관심과 에너지를 쏟지 말고, 자신의 삶을 보다 낫게 만드는 데 전력을 다하는 것입니다. 힘을 소진하면 자연히 남의 말을 할 기운이 없어집니다.

그러나 개똥도 쓸 데가 있다고, 중독적이거나 지나치지만 않다면 남의 말 하는 것도 정신 건강에 도움이 되곤 합니다. 마음 안에 쌓인 화를 배출하는 효과가 있지요. 또 돈도 없고, 할 일도 없는 사람들에게는 아주 유용한 오락거리입니다.

단, 자기 문제는 안 보고 남의 문제만 파고 다니며 험담하고 다니면 어디서나 재수 없는 사람 취급을 받는다는 사실만 잊지 않으면 됩니다.

# 미운 짓 하는 사람, 실컷 미워하세요

· · · · 사람답게 만들어주는 감정 죄책감

하루도 거르지 않고 매일 미사(가톨릭에서 가장 의미 깊으며 가장 큰 기도)를 나오는 할머니 한 분이 고해소(세례 받은 신자가 죄를 지었을 경우 마음속 죄책감과 앙금을 덜어내기 위해 고해신부에게 자신의 죄를 고백하는 성사)를 찾아오셨습니다. 신앙심 깊고 마음씨 고운 분이 무슨 죄를 지으셨을까 의아해하며 물었지요.

"무슨 죄를 지으셨어요?"

"며느릴 미워했다우."

"며느리를 왜요?"

"글쎄 찬밥을 주잖아. 나 건강할 때는 매끼 따뜻한 밥을 차려주더니 늙고 힘이 없어지니까 밥도 안 지어줘. 아주 미워 죽겠어. 얼마나 미워했는지 죄가 너무 커서 영성체(예수그리스도가 성 목요일 만찬 시 미사성제를 제정하면서 당신의 몸과 피를 축성한 것을 기념으로 사제가 전례적 재현을 하면서 신자들에게 축성한 면병을 취하도록 하는 것)도 못하겠어."

"참 못된 며느리네요. 실컷 미워하세요."

"응?"

"자기는 시어머니 안 되고, 안 늙는답니까? 참 얄밉네요. 그러니까 미워하셔도 돼요."

"그래도 돼?"

"그럼요. 미운 짓 하니까 미워하는 건데요, 뭐."

"그렇지?"

작은 위안을 얻으셨는지 할머니는 웃으며 고해소를 나가셨습니다. 할머니의 뒷모습에 죄책감에 시달리던 젊은 시절의 내 모습이 겹쳐졌습니다.

십계명을 온전히 지키기가 왜 그리 힘들었는지……. 매일 같은 죄를 반복해 짓는 내 자신을 죽이고 싶었습니다. 당시 내가 하는 모든 행동, 내 입에서 나오는 모든 말이 다 죄였습니다. 깨끗하게 방을 청소하고 나서 티끌 하나만 눈에 띄어도 다시 하고 또 하는 사람처럼 죄에 대한 강박증이 생기기 시작했습니다. 그리고 나 같은 죄인은 절대로 용서받지 못할 거라는 구원 불안증을 뒤통수에 주렁주렁 달고 다녔습니다. 다 믿음이 부족한 탓이라는 생각 때문에 더 열심히 기도해야 했습니다. 매일 미사는 기본이었고, 묵주기도(사도신경, 주의기도, 성모송, 영광송으로 구성되어 있는 기도문을 묵주를 가지고 하는 기도)는 15단 이상 했으며, 십자가의 길(예수그리스도가 사형선고 후 십자가를 메고 수난의 길을 가면서 돌아가실 때까지의 14장면을 묵상하며 드리는 기도)도 하루도 거르지 않았습니다. 그럼에도 불구하고 죄책감 때문에 도무지 견딜 수가 없었습니다.

그렇게 오랜 세월을 보낸 후 심리학을 만났습니다.

"신부님 안의 아이를 보세요."

"네?"

"그 아이가 울고 있어요."

"……?"

내 안의 아이가 울고 있다는 상담자의 말에 한동안 어리둥절했습니다. 나는 이미 마흔에 가까운 나이였고, 사제생활 20년차에 접어

드는 신부였으니까요. 그런데 아이라니요. 울고 있다니요.

 몇 개월 후 기도를 하는 중이었습니다. 문득 내 앞에 우울한 얼굴을 한 아이가 나타났습니다. 오랫동안 버려져 있었던 듯한 모습이었지요. 순간 가슴속 깊은 곳에서 뜨거운 덩어리 같은 것이 올라오더니 걷잡을 수 없는 눈물로 쏟아져 내렸습니다. 흐느껴 우는 것이 나인지 그 아이인지 구분이 되지 않았습니다.

'미안하다. 내가 오랫동안 널 미워했구나…….'

 젊은 시절, 죄책감에 시달릴수록 영혼을 맑고 거룩하게 해달라는 기도에 매달렸습니다. 세상에 나가면 더 큰 유혹에 빠질까 두려워 촛불 하나 켜놓은 어둑신한 방에서 중얼중얼 염경기도를 하며 하루를 다 보내기도 했습니다. 성인들의 전기도 많이 읽었습니다. 그들의 삶을 조금이라도 따라 하려고 몸을 고달프게 하는 수련도 했지요. 몸도 마음도 피폐해지는 가운데 더 열심히 기도생활을 해야겠다고 다짐한 어느 날인가는 뇌혈관에 이상이 없는데도 마치 중풍환자처럼 말과 사고와 행동이 마비되고 말았습니다.

 지나친 죄책감 때문이었습니다. 내 자신을 혐오한 탓이었습니다.

 사실 죄책감은 사람을 사람답게 만들어주는 감정입니다. 우리에게 죄책감이 없다면 세상은 무법천지가 되고 말 것입니다. 죄책감은 인류가 공생하는 데 없어서는 안 될 감정입니다. 문제는 지나친 죄책감입니다. 죄를 짓지 않기 위한 노력은 해야 하지만, 우리는 약한 인간이기에 죄 없이 완벽한 삶을 살 수는 없습니다. 죄책감에 너무 시달리면 자신에게 죄를 짓게 됩니다.

# 짜증도 잘 풀어야 건강해집니다

· · · · 짜증만 내는 것은 바보짓

 복음(예수그리스도의 가르침, 또는 예수그리스도에 의한 인간 구원의 길)을 읽다 보면 나사로(Lazaros, 신약 성경에 나오는 인물로 예수그리스도가 회생시킨 사람)가 아주 행복한 사람이었구나 하는 생각이 저절로 듭니다. 그가 죽었을 때 온 동네 사람들이 슬퍼할 뿐만 아니라 예수님까지 눈물을 보이실 만큼 애정을 듬뿍 받은 사람이었기 때문입니다. 내가 죽으면 얼마나 많은 사람이 슬퍼할까요? 한번 생각해보세요.

 1. 전 세계인이 슬퍼한다.

2. 전 국민이 애통해한다.

3. 서울시민들이 운다.

4. 동네 사람들이 마음 아파한다.

5. 성당 사람들이 통곡한다.

6. 가족만이라도 슬퍼한다.

7. 아무도 슬퍼하지 않는다.

모쪼록 성당 식구들과 가족들은 슬퍼해주기를 기대해봅니다. 복음에 특별한 기록이 없는 것으로 보아 평범한 인물이었을 나사로가 그토록 사랑을 받은 이유는 무엇일까요. 아주 평범한 인생을 사는데도 불구하고 주위의 사랑을 받는 사람들의 공통점은, 사람들에게 편안함을 준다는 것입니다. 반면 사람을 불편하게 만드는 사람들이 있습니다. 신경질이 많고 짜증을 잘 내서 까칠한 느낌을 주는 경우이지요.

신경질은 신경 끄고 살아도 되는데 스스로 신경 쓸 일을 만들어 사는 바람에 생깁니다. 사람이 일에 신경을 쓰는 것에는 한도가 있습니다. 그 한도를 넘어서면, 중추신경의 통합기능이 마비되듯이 정신적으로 마비가 와서 자신의 상태를 통제하기 어려워 신경질을 부리게 됩니다. 따라서 신경질을 안 내려면 신경 쓸 일을 줄이면 됩니다. 그런데 이게 잘 안 됩니다. 다른 사람이 하는 일은 믿을 수가 없어서 모든 일을 자신이 해야 하기 때문이지요.

 짜증도 마찬가지입니다. '왜 세상일이 내 뜻대로 안 되는 거야!' 하는 강박적 사고방식에서 비롯되는 것이지요. 짜증은 타인이나 환경이 자신의 욕구를 채워주지 않을 때 일어나는 마음의 현상인데, 많은 이들이 별 것 아닌 걸로 생각하고 습관적으로 짜증을 냅니다. 그러나 짜증을 대수롭지 않게 여기기에는 그 부작용이 너무 큽니다. 우선 짜증이 많은 사람은 어떤 일을 하든 성공하기 어렵습니다. 짜증이 마음의 균형을 깨뜨리고 자기 페이스를 잃게 만들기 때문입니다. 우리 몸의 중추신경에는 어떤 일을 하기에 앞서 그 일에 적합한 상태로 조정해주는 기능이 있는데, 짜증을 내면 이 기능이 약화됩니다.

 1970년대에 활약했던 루마니아의 테니스 선수 일리 나스타세(Ilie Nastase)는 정상급 실력에도 불구하고 짜증을 잘 내서 우승을 못했습니다. 성적에 연연해하는 아이들, 작은 실패에도 신경이 예민해지고 짜증을 잘 내는 아이들도 큰 성공을 거두지 못합니다. 정신병원에 입원할 확률도 높다는 것이 심리학자들의 관찰 결과입니다.

아무리 공부를 잘해도 마음을 다스리지 못하면 소용이 없는 것이지요. 반면 성적은 중간 정도지만 털털한 아이들은 나중에 성공을 거둘 확률이 높습니다. 짜증은 대인관계에도 악영향을 끼칩니다. 배우자가 매일 우거지상에 짜증을 부린다면 같이 살 수 있겠습니까.

그렇다면 우리는 짜증을 어떻게 다루어야 할까요. 쉽게 짜증을 내는 습관을 고치려면 먼저 '일이 네 맘대로 안 돼서 속상한가 보구나' 하는 식으로 자신의 마음을 헤아려주어야 합니다. 또한 인생에는 오르막길도 있고 내리막길도 있다는 사실을 잊지 말아야 합니다. 삶이란 원래 힘든 것이라는 점을 기억한다면 짜증이 줄어들 것입니다.

또한 상대방에 대한 기대치도 낮출 필요가 있습니다. 상대방에게 거는 기대와 상대방의 실제 모습이 차이 나는 만큼 짜증이 나는 것이기 때문입니다. 자기 자신에게도 마찬가지입니다.

무엇보다 짜증은 아무 소용이 없습니다. 짜증내서 해결될 문제라면 짜증을 내도 좋지만, 그렇게 해서 해결되는 것이 아닌 이상 짜증내는 것은 바보짓이라는 사실을 염두에 두어야 합니다. 해결되지 않는 일에 매달려 짜증만 내다보면, 결국 자기 마음만 다치고 주위 사람들까지 피곤하게 만들고 맙니다. 짜증내면서 하는 일치고 잘되는 경우는 본 적이 없습니다.

 마지막 방법, 이렇게 해도 안 되고 저렇게 해도 안 될 때는 짜증나는 생각을 따라가는 대신 그 생각을 내려놓고 무조건 나가서 바람을 쐬는 것입니다. 그래야 우울증에 걸리지 않습니다.

 정말로 똑똑한 사람은 신경질을 부리거나 짜증을 내지 않습니다. 의기소침해지기보다 행복을 선택하는 법을 잘 알고 있기 때문입니다. 사사건건 신경질을 부리고 습관처럼 짜증을 내며 스스로 우울감을 불러일으키는 대신 행복을 선택하면 불행에 대한 궁극적인 방패막이를 얻게 되는 셈입니다.

 인생살이는 자질구레한 스트레스의 연속입니다. 그래서 잘 풀고 살아야 건강도 지키고, 주위 사람들로부터 사랑도 받고, 죽은 후에 많은 사람들의 애도를 받을 수 있습니다. 만약 계속 신경질을 부리고 짜증을 내며 까칠한 인생을 산다면, "저저 죽지 않고 아직까지 살아있네" 하는 악담을 들을지도 모릅니다. 그러니 짜증 좀 내지 맙시다. 짜증납니다.

# 적당한 불안감은
# 삶에 활력을 줍니다

· · · · 삶의 완급을 조절해주는 불안

몇 해 전 대학수학능력시험이 끝난 후였습니다. 어느 자매님이 상담을 청해서는 아이가 시험을 못 보았다면서 어쩌면 좋겠냐고 통곡을 하는 것이었습니다.

"자매님, 그게 그렇게 울 일인가요?"

"어떻게 그런 말씀을 하실 수가 있어요? 신부님은 아이를 길러보지 않아서 부모 마음을 모르시는군요."

"제가 아이를 길러보지 않은 것은 맞습니다만, 시험 좀 못 봤다고 인생이 끝나는 것도 아니니 너무 울지 마세요."

"인생이 끝난 거나 마찬가지예요. 그 점수로는 서울에 있는 대학은 못 가요. 요즘 같은 취업난에 어디 취직이나 하겠어요. 취직도 못하는데 결혼은 어떻게 해요. 이 일 저 일 전전하며 혼자 근근이 먹고 살다가 나이 들고 기운 없어지면 일거리도 없어서 지하철에서 노숙이나 하며 살겠죠. 그러다 병을 얻어 죽어도 아무도 찾지 않을 겁니다. 이래도 인생이 끝난 게 아니라고요?"

 그 자매는 비극으로 끝나는 영화 한 편을 만들고 있었습니다. 생기지도 않은 일을 최악의 경우까지 생각하며 미리 걱정하고 불안해하는 것이지요.
 사람은 누구나 불안합니다. 우리의 인생 자체가 불안을 안고 가야 하는 구조이기 때문입니다. 가끔 종교인들은 모든 것을 내려놓으면 평안함을 얻는다고 말하는데 정말 짜증나는 소리이지요. 자기들은 의료보장, 생활보장 다 되니까 그렇다지만 최저생계비조차 보장되지 않는 사람들은 그런 소리를 할 수 없습니다.
 여기저기서 먹고 살기 힘들다는 이야기들이 많이 나오는 요즘입니다. 불확실한 미래 때문에 지금 겪는 어려움이 더욱 힘들게 느껴집니다. 그런데 이런 불경기에도 유독 호황을 맞는 업종이 있습니다. 바로 점집입니다. 점쟁이들은 불안을 먹고 살기 때문이지요.

사람들은 살기가 힘들고 마음이 불안해지면 미래를 확실히 알려주는 소리를 듣고 싶어 합니다. 그래서 점집을 찾고, 점을 보고 와서는 고해성사를 봅니다. 언제인가 점쟁이 한 분과 우연히 이야기를 나눈 적이 있습니다. 자기 손님의 절반이 천주교 신자라기에 어떻게 아느냐고 물었더니, 신자들은 들어올 때 쭈뼛거리고 손가락에는 반지를 꼈던 자국이 있다는 것입니다. 그런 사람들에게는 꼭 확인을 한다고 하더군요.
"당신 천주교 신자지?"
"아니, 어떻게 아셨어요? 영험하시네."
사실 점집을 찾는 사람들 가운데 상당수가 신경증적 불안 증세를 갖고 있는데, 이는 정상적인 불안과 대조되는 병적인 불안입니다. 정상적인 불안은 누구나 가지고 있는 것으로, 아무도 앞날이 어떻게 될지는 알 수 없다는 데서 생기는 불가피한 불안입니다. 건강한 사람이라면 적당한 불안감을 가지고 있어야 무리하지 않고 조심하며 살 수 있기도 합니다. 만약 자신은 하느님을 온전히 믿고 살기 때문에 전혀 불안하지 않다고 말하는 사람이 있다면 그는 믿음이 깊은 것이 아니라 비현실적이거나, 병적인 상태에 놓여 있다고 보아도 무방합니다.

문제는 신경증적인 불안인데, 이 증상을 가진 사람들에게는 몇 가지 특징이 있습니다. 우선 앞날에 대해 최악의 경우만 생각하는 습관이 있습니다. 또 남의 말을 잘 듣지 않고 스스로 병을 키우는 습성이 있습니다. "걱정도 팔자"라는 말에 부합하는 경우인데, 하는 일이 순조롭게 잘 진행되고 있어도 결과를 걱정하는 요상한 습관을 가지고 살지요.

요즘은 신문이든 텔레비전이든 불안을 가중시키는 기사들이 넘쳐나고 있습니다. 불안하니까 더 보게 됩니다. 그런 글들을 보고 앉아 있노라면 가슴 밑바닥에서 불안이라는 놈이 슬슬 대가리를 내밀기 시작합니다. 그걸 조몰락거리다 보면 불안은 점점 더 커져갑니다. 그렇게 혼자 불안을 키운 다음에는 감당이 안 되어 다른 사람에게 전화하거나 직접 얼굴을 맞대고 불안함을 털어놓습니다. 그래서 자신의 불안이 혼자만의 생각이 아니라는 사실을 확인합니다. 문제는 그렇게 해서 득 될 게 뭐냐는 것이지요. 남는 건 불면증, 우울증, 불안 장애밖에 없습니다.

불안할 때는 묵주기도처럼 단조롭고 긴 기도가 유용합니다. 불안감은 동네 강아지들과 비슷해서 거들떠보지 않으면 제풀에 지쳐 조용해집니다. 기도가 하기 싫다면 시간 나는 대로 박장대소하는 방법이 있습니다. 손뼉 치며 큰 소리로 웃다보면 불안이라는 먼지가 어느 정도 떨어져 홀가분해집니다.

 좀더 깊은 영성론의 관점에서 불안을 떨치는 방법은 겸손입니다. 불안감이 심한 사람은 교만합니다. 불안이란 미래에 관한 것인데, 미래를 자기 마음대로 하고 싶은 욕구가 강한데 그렇게 되지 않아 생기는 감정입니다. 자기 마음대로 되지 않아 좌절하고 불안에 압도당할 때, 모든 것을 하느님 앞에 맡긴다는 겸손한 마음을 가지면 큰 도움이 됩니다.

# 긍정이 주는 매력

· · · 살아있음을 기뻐하며 매순간 즐겁게

그룹상담을 하면서 우울감을 호소하는 사람들을 많이 보았습니다. 그 가운데는 우울증에서 벗어나려고 노력하는 사람이 있는 반면, 우울감에서 빠져 나오려고 하지 않고 그 안에 안주하며 노숙인 같은 삶을 사는 경우도 있었습니다. 아무 노력도 하지 않은 채 주위 사람들의 동정을 먹으며 사는 것이지요.

우울감을 집 삼아 그 안에 살림을 차린 사람들에게는 까칠한 피드백을 주어서 그 집을 부수고 자기 손으로 무언가를 하도록 돕는 상담을 합니다. 그럴 때마다 나 자신의 과거가 보입니다. 진짜 문제를 우울감으로 포장하고, 사람들의 동정을 얻으면서 살았던 그야

말로 앵벌이 인생이었지요.

이런 삶이 지속되면 습관이 되고 중독이 되어서 나중에는 고치기가 참으로 어렵습니다. 우울증에 걸린 노인들을 상담하다 보면 오랜 시간 동안 습관이 된 우울한 생각을 바꾸기가 쉽지 않아 무척 안타깝습니다. 이미 내 몸의 일부처럼 편해진 헌 옷을 벗고, 새 옷으로 갈아입지 못하는 것과 같지요.

우울감에 빠진 사람들은 고집이 센 사람들입니다. 자신의 인생에 일어나는 좋지 않은 일들에만 눈을 고정하고 다른 좋은 것들은 보려고 하지 않는 고집쟁이들입니다. 이건 이래서 안 좋고, 저건 저래서 안 좋고, 스스로를 우울하게 만듭니다. 좋은 것이 있다고 아무리 얘기해주어도 들은 척도 하지 않고 서럽고 힘겹고 괴로운 것만 보면서 그 생각에서 빠져나오려고 하지 않습니다. 감정은 생각에서 오고 생각은 스스로 선택하는 것인데, 굳이 좋지 않은 생각을 선택해서 마음을 우울감으로 가득 채우고 도와달라고 합니다. 또 도움을 주어도 도움이 안 된다고 합니다. 참으로 고집이 셉니다.

우울증을 극복하는 몇 가지 방법이 있습니다. 그 가운데 미국의 심리학자 로버트 오이러의 '고무줄 요법'은 좋지 않은 생각이 떠오를 때마다 손목에 묶어놓은 고무줄을 당겼다가 놓는 간단한 방법입니다. 손목이 좀 아프긴 해도 우울한 생각을 하는 횟수도 줄어들고 우울감도 감소합니다.

두 번째는 역시 웃음입니다. 웃음의 치료 효과는 과학적으로 이미 입증이 되었습니다. 억지 웃음도 효과는 같다고 하니 너무 우울해서 웃음이 나오지 않는다면, 그저 "파" 하고 말해보는 것도 좋습니다.

마지막 방법은 낯선 곳에서 호된 경험을 해보는 것입니다. 인간에게는 응석 부리고 싶은 마음이 있기 때문에 친한 사람들에 둘러싸여 있으면 변하기가 매우 어렵지만, 이해해주고 지지해주는 사람이 아무도 없을 때는 둘 중 하나를 선택할 수밖에 없습니다. 죽거나 혹은 살거나. 나 자신의 삶을 돌아보아도 사람들에게 따뜻하게 둘러싸여 있을 때보다 낯선 곳에 홀로 떨어졌을 때 힘들지만 내적 성장을 이룰 수 있었습니다.

요즘도 신자들과 함께 있으면 어느새 응석받이가 되어 있는 스스로를 발견합니다. 마치 노망난 노인네처럼 어린애로 퇴행하는 자신을 느낍니다. 그래서 가끔은 낯선 사람들 사이에 끼어서 모임을 갖습니다. 아무 대접도 해주지 않고 아무 관심도 보여주지 않는 상황에 스스로를 던져놓고 그동안 마음에 낀 뱃살을 빼려는 시도를 하는 것이지요. 별의별 사람들을 만나면서 겪는 불쾌한 경험을 통해 지나친 자애심을 절제하는 훈련입니다.

우울증도 결국 관점의 문제입니다. 고대 그리스의 철학자 에픽테토스는 "인간은 사물로 인해 고통 받는 것이 아니라, 그것을 받아들이는 관점으로 인해 고통 받는다"고 말했습니다. 프랑스에 앙세리오라는 사람은 쉰 살이 될 때까지 무려 150회의 사고를 당했습니다. 아기 때부터 넘어지고 엎어져서 팔이 부러지고, 다리가 부러지고, 열네 살 때는 쓰레기통에 갇혀 죽을 뻔하고, 자전거를 타고 가는데 고장 난 트럭이 덮치고, 바람에 날아가는 유리조각에 맞아 팔의 동맥이 끊어지고, 차를 얻어 타려다가 범죄조직에 걸려 강도를 당하는 등 무사히 지나가는 해가 없을 만큼 일생이 사고투성이였습니다. 하지만 재수 없는 자신의 처지를 비관하는 대신 숱한 사고에도 살아남았음을 기뻐하며 매순간 즐겁고 감사하게 살았습니다. 늘 긍정적인 에너지를 발산하는 그에게 친구가 많은 것은 당연했습니다.

반면 주위 사람들로부터 환영 받지 못한 '징징 노인'이란 양반이 있었습니다. 그 양반은 이런 시를 썼습니다.

젊을 때는 가난해서 마누라도 구박을 하더니

늙고 힘없어서 돈을 버니 기생들이 따르는구나

놀러 나가려면 으레 비가 오고

한가로이 앉아 있으면 날씨가 좋다.

배부르게 먹고 나면 맛난 고기가 생기고

목이 아파 마실 수 없을 때 술이 생긴다.

  이 양반처럼 매사에 징징대면서 기피 대상 1호로 찍혀 살 것인가, 아니면 앙세리오처럼 넉넉하게 살아서 많은 친구를 거느리고 살 것인가. 선택은 각자의 몫입니다.

## '넌 참 괜찮은 사람이야' 효과

··· 행복한 인생에 꼭 필요한 자존감

　　어떤 처녀가 결혼을 앞두고 고민이 생겼습니다. 당연히 신랑감에 대한 고민입니다. 평생 배필을 찾아 결혼을 미루고 미루다가 맞선 자리에서 정말 마음에 든 사람을 만났습니다. 얼굴도 잘생기고, 키도 크고, 학벌도 좋고, 직장도 괜찮은데 딱 한 가지 흠이라면 집안이 가난하다는 것이었습니다. 그래도 처녀는 남자의 장래성을 보고 결혼을 승낙했습니다.

　어느 날 처녀는 신랑감과 같이 길을 가다가 아주 예쁜 집을 보았습니다.

　"아, 집 참 예쁘다. 저런 집에서 사는 사람은 얼마나 행복할까?"

여자들이 이런 말을 하면 대체로 남자들은 이렇게 말합니다.

"저 집이 마음에 들어요? 몇 년만 기다려요. 내가 사줄 테니."

하지만 그 남자는 벌컥 화를 내는 것이었습니다.

"가난뱅이라고 날 업신여기는 겁니까?"

의외의 반응에 놀라고 당황한 처녀가 아무리 아니라고 달래도 남자는 계속 화만 냈습니다.

"돈만 밝히는 여자인 줄 진작 알았어야 하는데, 나 참 기가 막혀서!"

처녀야말로 기가 탁 막혀서 도대체 이 남자와 결혼을 해야 하나 말아야 하나 아직도 고민하고 있다는 이야기입니다.

총각은 왜 그렇게 화를 낸 것일까요? 답은 열등감이 많은 사람이라서, 자존감이 약한 사람이라서입니다. 인물 잘났지, 학벌 좋지, 직장도 괜찮은데 무슨 열등감을 갖냐고 할 수 있지만 그게 그렇지가 않습니다. 객관적으로 조건이 좋고 평판도 좋은 사람들 가운데도 자존감이 낮은 사람들이 비일비재합니다.

자존감은 자기 자신을 존중해주는 마음으로, 행복한 인생을 꾸려가는 데 반드시 필요한 감정입니다. 자존감이 어느 정도인지 알 수 있는 네 가지 차원의 테스트가 있습니다. 첫 번째, 방으로 들어가자 모여 앉아 이야기하던 사람들이 말을 딱 끝냈을 때, 어떤 생각이 듭니까?

1. '저것들이 내 얘기를 한 게 분명해' 하고 화를 낸다.
2. '할 얘기가 다 끝났나보구나' 하고 생각한다.

두 번째, 자신에 대한 평가입니다. 일을 하다가 실수했을 때 어떤 생각이 듭니까?

1. '나 같은 건 죽어야 해. 아직도 이런 일을 실수하다니.'
2. '실수는 병가지상사고, 학습의 일종이야.'

세 번째는 사회생활에서의 불안 정도입니다. 승진시험 때가 되었습니다. 무슨 생각이 듭니까?

1. '떨어지느니 죽는 게 나아.'
2. '시험이 인생의 전부는 아니지.'

네 번째는 열등감의 정도입니다. 밥을 먹는데 누가 "무슨 밥을 그렇게 많이 먹어" 하고 농담을 걸었습니다. 무슨 생각이 듭니까?

1. "밥이나 한 번 사고 그런 말을 해라, 짜샤" 하고 화를 낸다.
2. '내가 전생에 돼지였었나봐' 하고 웃어넘긴다.

자존감이 낮은 사람은 어디에서든 불안감이 많습니다. 그래서 강박적으로 출세에 매달리고, 남들이 성공했다고 칭찬해도 본인은 절대로 만족하지 못합니다. 또 자신의 약점을 숨기고 싶어 하고, 약점을 건드리는 사람을 몹시 미워합니다. 자존감이 높은 사람들이 자신의 약점을 유머러스하게 다루는 것과는 대조적입니다.
'나는 왜 할 줄 아는 게 없을까?'
어린 시절 머릿속에서 떠나지 않았던 의문입니다. 사람들이 많은 자리에 가면 주눅이 구석 자리에 숨어 앉았습니다. 그림을 잘 그려 전교생 앞에서 상을 받을 때는 발이 공중을 헛 딛는 듯하고 머릿속은 하얗게 변해 그만 기절하고 싶었던 기억이 납니다. 좋아하는 여학생에게 말 한마디 못하고 끙끙 앓으면서 스스로를 못난 놈이라고 구박했는지……. 그때는 무엇인가 하고 싶어도 머릿속에서는 힐책의 소리만 들렸습니다.

'네가 그걸 어떻게 한다고그래.'

누가 작은 칭찬이라도 해주면 걸신들린 것처럼 그 사람을 줄줄 따라다녀서 질리게 만들고, 마음은 늘 오그라들어 있었습니다. 자존감이 바닥이 난 상태였지요. 다른 사람들이 늘 부러웠습니다. 공부 잘하는 사람을 보면 부러워하면서 공부 못하는 스스로를 한탄하고, 운동 잘하는 사람을 보면 운동 못하는 나 자신 때문에 우울했습니다. 그래서 매일 술 마시고 줄담배를 피워대면서 냉소적인 농담이나 뱉으면서 살았지요.

자존감을 가지면 긍정적으로 자신을 평가하게 됩니다. 자존감을 높이고 싶다면 이 방법을 시도해보세요. 매일 거울을 보면서 스스로를 칭찬하고 격려하는 것입니다. 매우 효과적입니다.

'넌 참 괜찮은 사람이야. 세상에서 너 같은 사람 보기 드물어.'

작심삼일로는 안 되고, 딱 한 달만 매일 해보세요. 변화하는 자신을 발견할 수 있습니다.

# 용서는 결국 '나'를 위한 것
· · · · 마음에 난 종기 치료하기

어느 교우(가톨릭에서 같은 신앙을 가진 사람들을 부르는 칭호)가 기도모임에 갔다 온 후 상담을 청해왔습니다. 자신에게 상처를 준 사람을 용서하기 힘들다는 말을 했더니, 그 모임의 리더가 몰아붙였답니다.

"주님이 당신을 용서하셨는데 당신은 왜 다른 사람을 용서하지 못합니까? 무조건 용서하세요."

리더의 말은 백 번 옳지만 어쩐지 마음이 영 불편하고 힘들어서 상담을 청해온 것이었습니다.

나는 말했습니다.

"누가 저더러 '주님이 널 용서했으니 너도 다 용서해라' 하고 말한다면 저는 '너는 그게 되냐?'라고 반문할 수밖에 없을 겁니다."

용서는 참으로 어려운 일입니다. 특히 상대방이 나에게 입힌 마음의 상처가 클 때 용서가 어렵습니다. 마음의 상처는 그 크기와 깊이가 다 다릅니다. 누군가를 용서하기가 어려워 마음이 힘들다면 우선 자신이 입은 상처의 크기가 얼마나 되는지 살펴보아야 합니다. 만약 상처가 크다면 억지로 용서하려고 하면 안 됩니다. 상처가 아무는 데 많은 시간과 노력이 필요하기 때문입니다. 성급하게 용서하려다가 자신의 마음을 다칠 수 있습니다. 억지로 용서하는 것은 진짜 용서도 아닐뿐더러 마음속에 또 하나의 억울함을 만들어내는 일입니다. 마음이 풀리지 않았는데도 그 사람을 용서한다며 끓어오르는 분노에 뚜껑을 덮으면 나중에 폭발할 위험이 있습니다.

별로 큰 상처도 아닌데 용서가 안 된다면, 그것은 마음의 종기를 건드렸기 때문입니다. 종기는 작지만 조금만 건드려도 상당히 아프지요. 사람의 마음에도 종기가 있습니다. 차일피일 치료를 미루다가 곪아서 벌겋게 부어오른 종기를 누군가가 건드리면 아플 수밖에 없습니다.

또한 상대방을 완전한 어른으로 보는 한 용서하기는 매우 힘이 듭니다. '나잇살 먹어서 저러고 사나' 하고 생각하면 화는 쉽게 가라앉지 않습니다. 하지만 사람은 대개 아무리 나이를 먹어도 수행이 되어 있지 않으면 마음은 여전히 유치한 어린아이와 같은 상태입니다. 육신이 나이를 먹음에 따라 마음도 함께 성장하는 것이 아니기에 누군가가 상처를 주었다면 그의 육신의 나이가 아니라 내적인 나이를 보아야 합니다. 그러면 '아직 철이 덜 들어서 그렇구만' 하고 용서하는 마음을 가질 수 있습니다.

용서는 저절로 되는 것이 아니라 노력에 의해 얻어야 하는 마음의 평안 상태입니다. 그만큼 어렵다는 말이지요. 그런데 왜 주님은 우리에게 '일곱 번씩 일흔 번이나 용서하라'는 엄청난 숙제를 주셨을까요? 베드로(Petrus, 12사도 중 한 사람. 주님으로부터 베드로 반석이라는 이름을 받아 초대 교회 수장, 초대 교황이 됨)는 형제가 자기에게 죄를 지으면 몇 번이나 용서해야 하느냐고 주님께 묻습니다.

"일곱 번까지 해야 합니까? (저는 일곱 번은 합니다. 이 정도면 상당히 너그러운 사람이지요.)"

사실 일곱 번이나 용서했다는 것은 대단한 일입니다. 그런데 주님은 베드로를 칭찬하시기는커녕 기를 팍 죽이십니다.

"일곱 번? 일곱 번씩 일흔 번은 해야 한다!"

490번만 하고 491번부터는 미워해도 된다는 말씀이 아니라 한없이 용서하라는 말씀이지요. 우리가 용서를 한없이 해야 하는 까닭은 사람의 성격은 쉽게 변하지 않기 때문입니다. 미국에서 수도원과 신학교에 들어가는 사람들을 대상으로 성격 변화에 대한 연구를 했습니다. 오 년 간격으로 성격검사를 한 결과, 십 년 후에도 이십 년 후에도 성격은 변함없이 그대로였습니다. 사람의 성격은 부모부터 물려받거나 혹은 부모의 영향을 받아서 형성되어 평생을 두고 발전해가며 조금씩 수정될 뿐입니다. 세 살 버릇 여든까지 간다는 속담은 그런 의미에서 일리가 있는 말이지요. 특정한 기질을 타고난 사람이 그와는 정반대의 사고와 행동양식을 취하면서 살아간다는 것은 매우 어려운 일입니다.

이렇게 변하지 않는 것이 사람인데, 일곱 번씩 일흔 번이라도 용서하지 않으면 자기 자신을 비난하다 우울증에 걸리거나 다른 사람들을 변화시키겠다면서 극심한 스트레스를 주는 성격장애자가 될 가능성이 높습니다.

그 사람이 아니라 나 자신을 위해서 하는 것이 용서입니다. 이로우면 마음이 동하고, 남는 게 없다 싶으면 마음 내키지 않는 우리의 마음을 이용해야 합니다. 용서에도 이기적인 동기부여가 필요합니다. 용서의 손익계산서를 뽑아보는 것이지요. 그 사람으로 인해 분노에 차 있을 때, 내가 손해보는 것은 무엇일까요? 분노는 사람의 마음속에 감옥을 만들고 영혼을 가둬버립니다. 분노할 때는 분노하는 외에는 아무 일도 하지 못합니다. 생산적이고 창조적인 어떤 일도 할 수 없습니다. 분노하는 순간 내적 성장은 멈춰버립니다. 이것이 바로 우리가 남을 용서하지 못할 때 입는 가장 큰 손실입니다. 이런 심리적 감옥에서 빠져나오는 방법은 용서밖에 없습니다. 용서가 바로 감옥 문을 여는 열쇠입니다.

용서는 결국 자기 자신을 위한 것입니다.

# 사람 잡는
## 착한 사람 콤플렉스

· · · 세상에 둘도 없는 바보

하느님이 천당 거리를 순시하시는데 골목 끝 한 귀퉁이에서 흐느끼는 소리가 들렸습니다.

'아니, 기쁨으로 가득 차야 할 천당에서 어떤 놈이 울고 난리야?'

하느님이 놀라 달려가 보니 어디선가 본 듯한 신부 하나가 징징 울고 있는 것이었습니다.

"넌 누구냐?"

그러나 신부는 서럽게 울기만 했습니다. 하느님은 곁에서 수행하던 베드로 사도에게 물으셨습니다.

"쟤는 누구냐?"

"주님, 바로 어제 '본당신부가 천당에 들어온 건 네가 처음이구나' 하면서 기뻐하셨던 그 아이입니다."

"어, 그래. 내가 요즘 건망증이 심해져서……. 근데 왜 울고 있는 것이냐?"

"자기가 본당신부로 있을 때 성인 신부가 되려고 무척 노력했답니다. 신자들이 술에 취해 한밤중에 찾아와도 자다 말고 일어나 맞아주고, 놀러 오라면 아무리 멀어도 찾아가 놀아주고, 하여간 단체 행사뿐만 아니라 모든 신자들의 크고 작은 일에 다 나서서 돕느라 휴가는커녕 쉬는 날도 없이 일해서 성인 신부라고 칭찬이 자자했답니다."

"그런데 뭐가 모자라서 저렇게 울고 있는 것이냐? 짜증나게."

"그렇게 살다가 과로에 심장마비로 쓰러져 병원에 실려 갔는데, 처음 한 달 간은 신자들이 병문안을 오더니 어느 날 갑자기 딱 끊기더랍니다. 알고 보니 꽃미남 구준표를 닮은 놈이 새 신부로 오고 나서부터랍니다. 그게 너무나 원통하고 서러워서 울다 복장이 터져 죽었죠. 쓸데없이 착한 척하다가 죽은 겁니다."

이 말을 들은 하느님은 손사래를 치셨습니다.

"어여, 저 애는 네가 맡고 내 근처에는 절대로 못 오게 해라."

착한 사람 콤플렉스에 걸린 사람은 하느님도 반기지 않으신다는 슬픈 이야기입니다.

복음에서 주님은 열매를 맺지 못하면 다 쳐버리겠다고 말씀하시지요. 이 말씀을 두고 신학자들 간에 의견이 분분했습니다. '도대체 열매를 맺는 삶이란 무엇인가?' 그러다가 모든 사람에게 모든 것 '옴니부스 옴니아(OMNIBUS OMNIA)'을 주는 희생하고 봉사하는 삶이라는 결론을 내렸습니다. 그러한 생각이 전통적인 생활양식으로 교회 안에 자리를 잡게 되었고, 수많은 젊은이들이 희생하고 봉사하는 삶을 살기 위해 수도원의 문을 두드렸습니다. 그 결과, 수많은 성인들이 배출되어 가톨릭교회의 대표적인 이미지를 형성했습니다.

그런데 이러한 삶이 과연 모든 사람에게 건강한 삶일까요? 늘 희생하는 삶을 사는 사람은 결국 지쳐버립니다. 인간은 스스로 채울 수 없는 욕구를 누군가가 채워주었으면 하는 바람을 가지고 있어서 누군가가 나서서 "내가 해줄게" 하면 얼씨구나 하고 매달리게 마련입니다. 문제는 한 번 요구를 들어주기 시작하면 시간이 갈수록 요구사항이 점점 많아진다는 점입니다. "네가 원하는 게 있으면 말해. 내가 해줄게"라는 말 한 마디에 눈물 콧물 범벅이 되어 감동하던 사람이 이거 해달라, 저거 해달라, 나중에는 무리한 것까지 요구합니다. 만약 요구를 만족시켜주지 못하면 애정이 식었다는 둥, 관심이 없다는 둥 들들 볶아대기 시작하지요. 그러면 지칠 수밖에 없습니다. 심지어 과로로 죽기까지 합니다. 그렇게 죽으면 "착한 사람이었지만 난 그 사람처럼 살기는 싫다"는 뒷소리만 남긴 채 잊혀집니다.

착한 사람 콤플렉스에 걸린 사람은 심리적으로 공허한 삶을 살 수 있습니다. 자기 본성의 상당 부분을, 남들이 자신한테 기대하는 역할과 맞지 않는다는 이유로 억압함으로써 인격에 공백이 생기는 것이지요. 그렇게 생긴 공백을 연기로 메우면서 허구의 가공된 인생을 살아가기 쉽습니다. 이렇게 되면 진정한 자기 자신이 되지 못하고 다른 사람의 기대와 도덕적 명령을 수행하는 꼭두각시로 전락하게 됩니다. 또 기쁨은 없이 불만과 짜증 속에서 살기 십상입니다. 이러한 삶은 '허구적 목표를 설정하고 그 목표에 도달하도록 스스로를 채찍질하는 비관적인 삶'입니다. 이러한 삶을 사는 사람은 그 어떤 열매도 맺지 못합니다.

결실을 맺는 삶을 살려면 다른 사람들을 행복하게 만들어주기 전에 자기 자신이 먼저 행복한 삶을 살아야 합니다. 내가 행복해야,

살맛을 느껴야 다른 사람들에게 내가 가진 행복을 나누어줄 수 있습니다. 자기 삶이 불행한데 남을 행복하게 만들겠다고 나서는 사람은 세상에 둘도 없는 바보입니다.

# 솔직하게 사세요.
# 속이 후련해집니다
···· 자신의 마음을 인정하면 얻는 덤

옛날, 노 신부님이 돌아가시기 전에 신부들은 돈과 여자, 명예를 조심해야 한다고 유언을 남기셨답니다. 왜냐, 너무 좋아한 나머지 하느님보다 더 좋아할까봐입니다. 그 세 가지는 악으로부터 오는 유혹이라고 토까지 달으셨고요.

신학생 시절 그 이야기를 듣고 '당연하지, 사제는 당연히 그런 것들을 멀리해야지'라고 다짐하면서 마치 중국의 홍위병처럼 마음을 시퍼렇게 갈았었지요. 절대로 그런 신부가 되지 않을 것이라고 말입니다. 그런데 이상한 건, 각오를 다질수록 그런 부류의 사람들을 미워하고, 심지어 증오하는 마음이 올라오는 것이었습니다. 그리고 그런 마음을 스스로 합리화하려고 애를 썼습니다.

그러다가 서품을 받고 나간 첫 본당(일반적으로 사목을 하는 신부가 상주하는 성당) 보좌신부 시절, 어떤 자매의 말을 듣고 깜짝 놀랐습니다.

"신부님은 예쁜 여성만 좋아해요."

"내가 언제 그랬단 말이요!"

당시에는 짜증을 냈지만 돌아서서 생각해보니 예쁜 여성들만 보면 저절로 몸이 움직여 그쪽으로 몸이 향했다는 것은 알 수 있었습니다. 그래서 그 다음부터는 마음의 동아줄로 몸을 꽁꽁 묶어버렸습니다. 그런데 그럴수록 예쁜 여성만 좋아한다고 말한 자매가 미워졌습니다.

그런 스스로를 심하게 질책하느라 마음은 늘 피투성이였습니다. 그렇게 스스로 피투성이를 만들고 나면 한결 거룩해진 것 같은 착각이 들었습니다. 그러나 그런 감흥은 잠시일 뿐 다시 피투성이가 되고, '아 이것이 십자가의 길인가보다' 하고 스스로 합리화를 하기도 하였지요. 그런 생각이 얼마나 큰 부작용을 낳는지 알지도 못한 채 말입니다.

심리학을 공부하면서 자신의 감정을 미워하거나 억압하지 않아야 된다는 점을 배우고 난 지금은 스스로의 못난 부분을 인정합니다. 그리고 솔직히 고백합니다.

"저는 예쁜 여성을 좋아합니다."

때로는 아예 강권을 하기도 합니다.

"사랑받으려면 예뻐지세요."

이렇게 스스로의 성향을 인정하고 난 순간부터 마음이 홀가분해졌습니다. 예쁜 여성만 찾는다고 눈을 흘기는 자매들은 여전한데 더 이상 그들에게 미움이나 증오심이 생기지 않았습니다.

마음이 결핍 상태에 있을 때는 목마름이 생깁니다. 이를 이해하고 충족시키려고 할 때 날카로움은 줄어듭니다.

'부자들은 다 도둑놈들이야.'

신학교에서 몰래 이념 서적들을 보면서 돈 많은 사람들에 대한 미움을 합리화하곤 했습니다. 그러다가 본당에 나오니 그동안 얼마나 돈에 목말라 있었는지가 보이더군요. 처음에는 교우들이 주는 용돈(축성하고 나면 받는)이 너무나 부담스러워 손사래를 치며 도망치곤 했습니다. 그러다가 못 이기는 체 받다보니, 많이 주는 사람들은 좋아지고, 한 푼도 안 주면서 이거 해달라 저거 해달라 하는 사람들은 미워지기 시작했습니다. 명색이 사제라는 자가 이렇게 돈에 목을 매는가 하고 많은 자책을 했습니다.

돌아보면 그런 마음을 가지고 있을 때의 강론은 세상을 멀리하라, 돈의 유혹에 빠지지 말고 주님만 바라보고 살아라, 돈은 아무것도 아니다, 오로지 기도로 살아라 같은 내용들이었습니다. 나중에 스스로를 분석하다보니 갈증을 억압한 부작용이었습니다. 결국 자기기만이 다른 사람들을 기만하는 행위로 이어진 것입니다. 그러고 나서 보니 비슷한 강론이나 강의를 하는 사람들이 돈 욕심이 많은 사람들이라는 점이 보이더군요. 그래서 지금은 스스로를 속이고 남까지 속이는 대신 솔직하게 말합니다.

"제 영명축일(성인의 이름을 따르는 세례명을 받는 날이자 그 성인이 임종한 날로 신자들의 축하를 받는다)에 기도를 해주시는 것보다 현찰을 주시는 것이 더 기쁩니다."

염려와는 달리 손가락질하는 사람은 아무도 없었습니다. 오히려 박장대소하며 현찰을 두둑이 챙겨주는 경우가 대부분이었습니다. 기도도 더 많이 해주시고요. 마음이 편해진 것은 덤이었습니다.

## 02

### 가족 벗기.
### 가족은 외계인

성가정을 꾸리려면 먼저 서로의 욕구와 차이를 인정하고, 존중하려는 노력을 해야 합니다. 세상에 저절로 되는 일은 없습니다. 결혼한다고 해서 화목한 가정이 그냥 되지는 않습니다.

# 사랑도 없이
# 결혼한다구요?

· · · · 받는 거 없이 그냥 좋아서 하는 것, 결혼

　　예수님은 막달라 마리아(Maria Magdalena 신약성서에 등장하는 예수그리스도의 여성 제자들 중 한 사람)를 유난히 예뻐하셨습니다. 그녀의 이름은 막달리에 사는 마리아라는 뜻인데, 상업도시로 유명한 막달리에서 이름난 여자였던 마리아는 아주 미인이었다고 합니다. 그런 여자가 주님 곁에서 시중을 들려고 하니 다른 사람들이 얼마나 마음이 불편했겠습니까? 더구나 부활하신 후 예수님이 처음 만난 사람이 그녀였으니 제자들은 심기가 아주 불편했을 겁니다. 그래서 몇몇이 예수님께 따지러 갔겠지요.

　　우선 베드로 사도가 항의했습니다.

"아니 주님, 그래도 제가 수제자인데 어떻게 저런 여인네한테 먼저 나타나십니까?"

그러자 예수님은 베드로의 뒤통수를 딱, 때리셨지요.

"닭이 울기 전에 세 번이나 날 모른다고 한 놈이 누구인가."

이번에는 강직하기로 소문난 도마가 나섰습니다.

"아니 그래도 그렇지, 주님께서 사생활과 공적인 생활도 구분 못 하시면 어떻게 합니까?"

이번에도 예수님의 손바닥은 여지없이 도마의 뒤통수로 날아갔습니다.

"눈으로 직접 봐야 믿겠다고 방방 뜨던 놈이 무슨 말이 많아."

이번에는 어머니이신 마리아가 나서셨습니다.

"그래도 내가 네 어미인데 어떻게 어미를 제치고 젊은 것한테 먼저 나타난 거냐."

그러자 예수님이 말씀하셨습니다.

"어머니 먼저 만나면, 제가 홀어머니의 외아들이라 엄마 치맛자락에서 못 벗어난다는 소문이 돌 텐데 어쩌라고요. 그리고 생각해 보세요. 제가 아직 총각인데 누가 제일 보고 싶었겠습니까."

그럼 왜 예수님은 막달라 마리아를 예뻐하고 보고 싶어 하신 걸까요? 단순히 얼굴이 예뻐서만은 아닙니다. 마리아가 아무 조건 없이 예수님을 좋아했기 때문입니다. 다른 제자들은 자신의 욕구 충족을 위한 대상으로 예수님을 선택했습니다. 상대방을 자신의 욕구 충족을 위한 대상으로 본다면 상대방이 물주나 봉으로 보일 수밖에 없습니다. 따라서 돈이든 권력이든 명예이든 영적 지도력이든, 상대방이 갖고 있던 중요한 것을 잃으면 언제라도 떠날 준비가 되어 있는 것입니다.

하지만 마리아는 그저 좋아서 예수님을 따랐습니다. 아무것도 바라지 않고 순정을 다해 예수님을 사랑했습니다. 상식적으로 생각해봐도, 어떤 부탁을 하기 위해 내게 밥을 사는 사람이랑 밥 먹는 것과 그냥 좋아서 내게 밥을 사는 사람이랑 밥 먹는 것 가운데 어느 쪽이 편하고 기분 좋습니까? 당연히 후자입니다.

예수님이 십자가에 달리신 후, 다른 남자 제자들은 모두 전전긍긍하고 있었습니다. 하지만 막달라 마리아는 새벽같이 달려가 예수님 무덤을 찾았습니다. 예수님의 시신에 향유를 발라드리려고 향유도 가져갔습니다. 그러니 예수님이 막달라 마리아를 좋아하실 수밖에요.

요즘 결혼생활에 어려움을 겪는 사람들이 많습니다. 이혼까지 가는 경우도 적지 않습니다. 경제적인 이유가 이혼 사유의 중요한 부분을 차지하고 있기도 합니다. 대개 조건부 결혼을 한 경우입니다. '이 사람과 결혼하면 내게 이런저런 득이 있을 거야'라고 생각하고 하는 결혼을 조건부 결혼이라고 하지요. 이런 결혼생활은 그 조건이 충족되지 않으면 언제라도 깨질 가능성이 높습니다. 결국 진정한 사랑 없이 자신의 편안한 삶을 위해 결혼이라는 거래를 한 셈이지요.

아무런 희망도 없이 살던 시절이 있었습니다. 불러주는 사람도 갈 곳도 없이 외로움에 사무쳐 텅 빈 골목길을 헤매던 시절, 가진 것도 실력도 없이 그냥 하루하루 시간만 죽이던 시절, 하루라는 시간이 왜 그리도 길게 느껴졌는지요. '킬링 타임(killing time)'이라는 말이 그렇게 마음에 와닿을 수가 없었습니다. 그런 상태에서 부모님이 원하는 대로 결혼을 하고 아이를 낳았다면, 지금쯤 아내에게 이혼 당하고 아이들로부터 버림받아 길가에 노숙자로 나앉아 있었을 겁니다.

인생에 대한 큰 그림 없이, 아무 준비 없이 '그냥 결혼이나 하자'는 생각으로 결혼하는 것 또한 진정한 사랑 없이 조건만 보고 하는 결혼이나 마찬가지로 위험합니다.

  결혼은 잘생기고, 학벌 훌륭하고, 성격 좋고, 결정적으로 돈도 많은 '완전한 사람'을 만나 그 사람의 인생에 묻어가는 게 아닙니다. 불완전한 사람끼리 만나 서로 부족한 부분을 감싸주면서 사는 것이지요. 마리아처럼 받는 거 없이 그냥 좋아하는 마음으로 하나가 되려고 하는 것입니다. 득 보려고 결혼하면 낭패 보기 십상입니다.

# 가정은 외계인이 모여 사는 곳

· · · 서로의 차이를 인정하고 존중하기

본당신부로 처음 발령을 받은 신부가 냉담(신앙에 무관심한 상태로 신앙생활을 하지 않는 사람을 지칭하는 교회 용어) 중인 신자들 집을 방문하기로 결심했습니다. 기선을 제압할 요량으로 우선 까다롭기로 소문난 냉담 교우부터 방문하기로 했지요. 이 교우는 독학으로 신학 공부를 한 사람인데, 그 수준이 상당해서 다른 신자들과 교리 논쟁을 벌이면 지는 경우가 없었습니다. 무패 경력을 자랑하는 대단한 내공의 소유자인지라 역대 신부들 모두 방문하기를 꺼렸지만 새로 부임한 본당신부는 속으로 쾌재를 불렀습니다. 신학에 대해서라면 자신 있는지라 막장 토론으로 냉담 교우의 코를 납작하게 만들어 성당에 끌고 나올 요량이었지요.

방문 전날, 신부는 그동안 공부한 교리 자료를 밤새 다시 훑어보았습니다. 그리고 냉담 교우가 던질 법한 질문들을 뽑아 답변을 정리해가며 만반의 대비를 했습니다. 마침내 날이 밝자 신부는 구 반장을 비롯해 신자들을 대동하고 냉담 교우의 집으로 쳐들어갔습니다. 그런데 웬걸, 꽁꽁 닫혀 있을 줄 알았던 대문은 활짝 열려 있고 안으로 들어가자 냉담 교우는 방석까지 깔아놓고 다소곳이 앉아 기다리고 있었습니다. 따뜻하게 반기는 그의 태도에 신부는 의기양양해졌고 신자들은 새로 온 신부님의 내공이 대단한가보다 하며 칭찬을 늘어놓았습니다.

신부는 거만하게 물었습니다.

"그래 언제쯤 성당에 나오실 겁니까?"

냉담 교우가 무릎을 꿇으며 공손하게 대답했습니다.

"제게 아직도 풀리지 않는 교리 문제가 있는데, 그것만 대답해주시면 다시 성당에 나가겠습니다."

"뭐든지 물어보세요."

"천주교에서는 예수, 마리아, 요셉의 성가정(성모 마리아, 요셉, 예수로 이루어진 가정으로 신자들이 이상적으로 생각하는 가정의 모델)을 본받자고 하는데요. 그 집안처럼 팔자가 사나운 집안도 없는데 도대체 무엇을 본받으라는 건지요?

 우선 아들인 예수님은 나이가 들도록 결혼도 못하고, 어중이떠중이들과 떠돌아다니면서 정치운동이나 하다가 사형을 당하셨지요. 그것도 어머니 눈앞에서요. 세상에 그런 불효자식이 또 어디 있겠습니까.

 양부이신 요셉은 자기 마누라 손목도 제대로 못 잡아보고 게다가 자기 자식도 아닌 아이를 돌보지 않았습니까? 결국 그 아이 때문에 고향을 버리고 먼 이국 땅 에집트로 도망가 살다가 소리 소문 없이 일찍 죽으셨지요.

 어머니인 마리아의 팔자는 더 기구합니다. 처녀의 몸으로 임신한 것부터 시작해서 일찍감치 과수댁이 되었고, 하나밖에 없는 아들이 십자가에 처형당하는 꼴을 봐야 했습니다. 늙어서는 고향을 떠나 터키의 외진 산골에서 외롭게 살다 돌아가셨지요. 그야말로 팔자 사나운 집안인데 도대체 뭘 본받으란 말인가요?"

 신부는 할 말을 잃고 눈만 멀뚱멀뚱 뜨고 있었습니다. 신부가 아무 대꾸도 못하자 냉담 교우는 무릎 꿇은 자세에서 양반다리로 편하게 바꾸더니 냉담하게 말했습니다.

"돌아가서 공부 좀더 하고 오시게, 젊은 양반."

　냉담 교우의 말처럼 성가정은 식구 각자가 기구하기 짝이 없는 삶을 살았던 비운의 가정이었습니다. 그럼에도 불구하고 교회에서 성가정을 본받으라고 하는 까닭은 어려운 상황 속에서도 흔들림 없이 이 세 분이 서로를 깊이 사랑하고, 존중하며 사셨기 때문입니다. 존중이야말로 성가정을 이루는 근본적인 자세입니다.

　존중이란 상대방의 말을 경청하고, 욕구를 이해해주고, 대화로 갈등을 풀어나가는 것을 말합니다. 말이 쉽지 참으로 어려운 일입니다. 우선 같이 산다는 자체가 어려운 일입니다. 신학교에서 신부가 되기 위해 필수적으로 거쳐야 하는 과정 가운데 하나가 공동생활입니다. 1학년은 20명씩, 2학년은 10명씩, 3학년은 4명씩 하는 식으로 일정 기간 같이 살아보는 것이지요. 공동생활이 신부가 되기 위한 필수 과정인 까닭은, 다른 사람들과 부대끼면서 여러 가지 갈등을 겪어봐야 성숙해지 때문입니다.

　또 내면에 존재하던 수많은 부정적 요소들 — 질투, 탐욕, 분노 등 — 을 대면하면서 자신이 별 볼일 없는 존재임을 깨달을 수 있기 때문입니다. 그럴 때 하느님 앞에서 겸손하게 사제직을 수행할 수 있지요. 때문에 신학교에서는 동료들과 함께 잘 살지 못하는 학생은 일단 부적응자로 봅니다.

이처럼 공동생활을 하나의 훈련으로 여기는 것은 서로 다른 사람끼리 함께 살아간다는 게 그만큼 어렵기 때문입니다. 남자와 여자로 이루어진 부부라면 더 어렵습니다. 부부가 되기 이전의 성장 과정과 배경이 다른 것은 둘째 치고, 생리적으로나 정서적으로나 생각하는 것으로나 남자와 여자는 서로가 외계인이기 때문입니다. 아이들은 그보다 더 외계인입니다. 엄청난 세대 차이 때문이죠. 부모와 자식 사이에는 최소한 이십 년의 차이, 세상이 두 번은 뒤집힌 세월의 차이가 납니다. 이렇게 큰 남녀 차이, 세대 차이로 서로를 이해하지 못하다 보니 가정에 끊임없이 갈등이 발생합니다.

또한 가족은 각자가 가지고 있는 욕구가 다릅니다. 상대방에게 바라는 욕구도 다릅니다. 어떤 본당에서 성가정에 대한 설문조사를 했습니다.

> 남편들의 성가정상 : 아내가 늘 집에서 기다려주고, 삼시 세 끼 따뜻한 밥 해주고, 바가지 긁지 않고, 가능하면 남의 집 여자들처럼 재테크 잘해서 돈도 벌어오고, 아이 잘 키우고,

카드 함부로 긁지 않고, 옛날 일본 여인들처럼 남편을 하늘처럼 알았으면 한다. 아이도 아버지를 어려워하고 공부 잘해서 애비 체면 세워주었으면 한다.

아내들이 바라는 성가정상 : 남편이 속이 넓고, 돈 잘 벌어오고, 잔소리 안 하고, 옷 사 입으라고 척척 돈 꺼내주고, 때마다 선물 사주고, 외식 자주 하고, 일 년에 한 달은 주부 휴가도 주고, 애들은 알아서 공부 잘하고 속 썩이지 않고 착했으면 한다.

아이들이 바라는 성가정상 : 나를 건드리지 말고, 공부하라 청소하라 잔소리 안 하고, 그냥 내 인생 내가 알아서 살게 내버려두고, 용돈이나 잘 쓰게 카드나 하나 만들어주었으면 한다.

성가정을 꾸리려면 먼저 이런 서로의 욕구와 차이를 인정하고, 존중하려는 노력을 해야 합니다. 세상에 저절로 되는 일은 없습니다. 결혼한다고 해서 화목한 가정이 그냥 되지 않습니다.

## 아이를 살리기도, 죽이기도 하는 기대감

· · · · 아이의 눈높이에서 기대 목록 만들기

어느 날 하느님께서 세 천사를 불러 모으셨습니다.

"지상으로 내려가서 세상에서 가장 힘들게 사는 사람이 누구인지 알아보고 와라."

얼마 후 세상 구경을 하고 온 천사들이 하느님을 모시고 보고회를 가졌습니다. 첫 번째 천사가 입을 열었습니다.

"세상에서 가장 힘든 삶을 사는 사람은 신부입니다. 평생 혼자 사는 모습을 보니 애처롭기 그지없었습니다."

그러자 하느님이 말씀하셨습니다.

"바가지 긁는 마누라도 없고 속 썩이는 자식새끼도 없이 사니 그놈들은 상팔자다."

이번에는 두 번째 천사가 나서서 말했습니다.

"제가 보기에는 산중의 중들이 가장 힘든 삶을 사는 듯합니다. 산속에서 매일 풀만 먹고 삽니다."

하느님이 또 말씀하셨습니다.

"산중의 전원주택에서 다이어트 음식만 먹으면서 웰빙 라이프를 즐기고 있는데 뭔 김밥 옆구리 터지는 소리냐. 그놈들도 아니다."

이번에는 세 번째 천사 차례였습니다.

"제가 보기에는 애 키우고 사는 사람들이 가장 힘든 듯합니다."

그제야 하느님은 고개를 끄덕이셨습니다.

"정답이로다. 애들이 부모 맘대로 크지 않고 제 맘대로 튀니 부모가 가장 힘든 삶을 사는 자들이로다."

아이를 키우는 일은 물리적으로도 정말 힘든 일이지만 정신적으로는 더 힘든 일입니다. 아이가 부모 뜻대로 커주기만 한다면 덜 힘들겠지만 오히려 부모의 기대와는 정반대 방향으로 튀기 일쑤입니다. 정말 환장할 노릇이지요.

부모라면 자녀에게 거는 기대가 있게 마련입니다. 다른 사람들로부터 기대를 받는다는 것은 참으로 기분 좋은 일이기도 합니다. 특히 아이들에게는 어른들이 가져주는 기대가 성장에 절대적인 영향을 미치곤 합니다. 심리학자의 원조 격인 프로이트(Sigmund Freud)는 자신이 대학자로서의 면모를 갖추게 된 데는 어머니의 기대가 큰 영향을 미쳤다고 술회한 적이 있습니다. 프로이트의 어머니 아말리아는 스물한 살 한창 나이에 전처의 자식들까지 있는 집으로 시집을 가서 프로이트를 낳았는데, 어떤 노파가 프로이트를 보고 말했답니다.

"음, 범상치 않은 아이로세. 이 아이는 커서 세계적인 인물이 될 거요."

아말리아는 노파의 말을 귀담아 들었다가 가슴 깊이 새겨두었습니다. 아들이 커서 세계적인 인물이 될 거라는 아말리아의 기대는 프로이트에게도 그대로 전해졌고, 프로이트는 그 기대에 부합하는 사람이 되려고 노력했습니다. 아말리아는 지극 정성으로 프로이트의 공부를 뒷바라지했고, 프로이트는 결국 대학자가 되었습니다.

'우리 아이는 크게 될 거야'라고 생각하는 부모와 '제까짓 게 되긴 뭐가 되겠어' 하고 생각하는 부모 밑에서 자란 아이가 전혀 다른 사람으로 성장하는 것은 당연합니다. 직접 말하지 않는다 해도 아이들은 다 알고 느낍니다.

요컨대 기대는 좋은 것입니다. 요즘은 다들 자식만큼은 잘 키우려고 무척 애를 씁니다. 자녀에게 거는 기대도 큽니다. 대다수의 아이들은 부모의 전폭적인 지원과 높은 기대를 받고 있습니다. 그런데 왜 부모가 속상해하는 일들이 그토록 많이 생기는 것일까요?

기대치가 아이가 감당하기 어려울 정도로 높아서 그렇습니다. 기대 수준이 너무 높으면 아이는 중압감에 허덕이면서 살게 되고, 그로 인해 몸이나 마음이 황폐해집니다. "나는 너만 믿고 산다", "네가 우리 집안의 기둥이다", "넌 이제 어른이잖니" 같은 말을 들으며 자라는 아이는 부모를 실망시키지 않기 위해 노력합니다. 하지만 부모의 기대를 충족시킬 수 없어 좌절합니다. 애초에 너무 높은 기대였으니 당연한 일입니다.

이런 경우 부모는 '기대 목록'을 만들어보아야 합니다. 자신이 아이에게 어떤 기대를 하고 있는지 구체적으로 자세히 적고 평가해보는 것이지요. 기대 목록을 작성할 때는 주의할 점이 있습니다. 첫째는 합리적인지 아닌지 따지지 말고 단순하게 기록해야 합니다. 두 번째는 아무리 사소해도 머릿속에 떠오르는 것은 모두 다 기록해야 합니다. 일상적인 일에서부터 장기적인 인생 목표에 이르기까지, 자녀에게 기대하고 있는 바를 분명히 알 수 있도록 상세하고 포괄적인 목록을 만들어야 합니다.

다 만들었으면 이제 각 항목에 질문을 던집니다.

1. 이 기대가 현실적인가?
2. 아이가 이 기대를 충분히 감당할 수 있는가?
3. 이 기대가 아이의 성숙에 도움이 되는가? 혹시 아이를 미숙하게 만들고 정신적 성장을 막지는 않는가?

평가 결과를 가지고 아이와 대화를 나누면 더욱 좋습니다. 굳이 이런 귀찮은 작업을 해야 하는 까닭은 부모라는 존재가 자녀에게 거는 기대를 줄이기가 무척 어렵기 때문입니다. 그리고 그 기대는 비현실적이기가 쉽기 때문입니다. 따라서 자신의 기대에 대해 돌아보고 자녀의 생각을 진심으로 이해한다면 한층 현실적인 기대로 수정할 수 있습니다. 기대 수준을 낮추는 것은 자녀뿐만 아니라 부모에게도 유익한 일입니다.

상담을 하다보면 상대방에 대한 분노 때문에 괴로워하는 경우를 가장 많이 접합니다. 그들의 이야기를 자세히 듣다보면 상대방이 잘못해서라기보다 본인의 지나친 기대로 스스로 마음에 분노를 만들어내는 경우가 많습니다. 기대가 크면 실망도 큽니다. 스스로 속상하지 않기 위해서, 또 자녀의 건강한 성장을 돕기 위해서는 현실적인 기대를 해야 합니다. 다음의 글귀를 가슴에 새기면 도움이 될 것입니다.

> 나에게는 나의 일 당신에게는 당신의 일
> 내가 당신의 기대에 부응해서 살기 위해
> 이 세상에 존재하지 않고
> 당신도 나의 기대에 부응해서 살기 위해
> 이 세상에 존재하지 않는 것
> 당신은 당신 나는 나
> 만약 우리가 서로를 이해한다면 그것은 아름다운 일
> 만약 그렇지 못하다면 그것은 어쩔 수 없는 일

# 부모가 먼저 웃어야
# 아이도 따라 웃습니다

· · · · 걱정해주는 부모보다 멋있는 부모되기

어느 수녀원에 원장 수녀가 새로 부임해 왔습니다. 첫날밤, 잠을 자는데 어디선가 이상한 소리가 들려왔습니다.

"징지기 징징 징지기 징징······."

소음 때문에 밤잠을 설친 원장 수녀는 아침에 눈을 뜨자마자 다른 수녀들에게 물었습니다.

"아 피곤해. 간밤에 하도 이상한 소리가 들려서 잠도 못 잤네. 그게 뭔 소리인가요?"

그 물음에 수녀들은 딱히 대답 없이 그저 피식피식 웃기만 했습니다. 또 한 가지 이상한 점은, 모든 수녀들이 한 수녀를 은근히 따돌리는 눈치였습니다. 따돌림을 당하는 수녀는 말수도 적고 몸가짐도 얌전하고 아주 참해 보였기에 원장 수녀는 의아했습니다. 그래서 수녀들을 불러 모아놓고 한마디 했지요.

"사이좋게 잘 지내야지 왕따나 시키고 사람들이 왜 그래요?"

그러자 고참 수녀가 나지막이 말했습니다.

"원장 수녀님이 겪어보시면 압니다."

다들 고개를 끄덕였습니다.

그날 저녁, 원장 수녀가 휴식을 취하고 있는데 참한 수녀가 어두운 얼굴로 찾아왔습니다. 그리고는 하소연을 하기 시작했지요.

"원장 수녀님, 저희 집에는 늙은 부모님만 계세요. 너무 걱정돼서 밤에 잠을 못 자겠어요."

참한 수녀는 목 놓아 울기 시작했고, 원장 수녀도 같이 울다가 말했습니다.

"그러면 할 수 없지. 옷 벗고 나가서 부모님 모시고 잘 사세요."

그 길로 참한 수녀는 수녀원을 나갔습니다. 그렇게 며칠이 지난 어느 날 원장 수녀는 한밤중에 전화를 받았습니다. 참한 수녀였습니다.

"이 밤중에 웬일인가요?"

"수녀원이 너무 걱정돼서요. 흑흑."

참한 수녀는 전화통을 붙들고 울어대고, 원장 수녀는 짜증이 나는 걸 간신히 참으며 참한 수녀가 전화를 끊기만 기다렸습니다.

이튿날 원장수녀는 고참 수녀를 불러 참한 수녀를 어찌하면 좋겠는가 물었습니다. 그리고 요즈음은 밤중에 왜 징지기 징징 소리가 안 들리는지도 물었습니다.

"원장 수녀님, 밤마다 들렸던 그 소리는 사실 참한 수녀가 밤마다 징징거리고 울던 소리랍니다. 박자까지 맞춰 징지기 징징 징지기 징징 하고 울었지요. 전에 계시던 원장 수녀님은 아예 포기하고 사셨어요. 밖에 나가서도 징징댄다니 안됐지만, 요즈음은 그 소리가 들리지 않아 잠을 푹 잘 수 있어서 다들 얼마나 기뻐하고 있는지 모릅니다."

근심을 달고 사는 사람들은 우는 소리로 듣는 사람들을 피곤하게 해서 주위 사람들로부터 소외당한다는 슬픈 이야기입니다.

가족에 대한 지나친 근심, 그리고 자기 자신에 대한 지나친 근심은 인생에 전혀 도움이 되지 않습니다. 근심은 늪과 같아서 근심하면 할수록 더 깊이 빠져듭니다. 우선 지나친 근심은 마음의 기능을 마비시켜 상황에 맞지 않는 말과 행동을 하게 합니다. 이런 사람들은 다른 사람들과 소통하지 못 하고, 자기 생각에만 빠져 있어서 늘 엉뚱한 소리만 하고 다니지요. 세상 걱정을 혼자 짊어지고 다니니 얼굴은 찌그러진 양재기상이요, 걱정에 지쳐서 성격도 남들보다 예민합니다. 그래서 근심하는 것과는 달리 일이 꼬이고 안 풀립니다. 근심하는 동안에는 건강도 좋지 않습니다. 좋지 않은 생각, 불길하고 재수 없는 생각은 많은 정신적 에너지를 소모하게 합니다. 그래서 몸의 면역기능이 약해져 병에 걸리기도 쉽지요.

이렇게 본인의 삶이 망가져가는데도 여전히 다른 사람을 걱정합니다. "너나 잘 사세요" 하고 이야기해주어도 여전히 쇠귀에 경 읽기입니다. 참으로 답답한 인생이지요. 남의 걱정을 입에 달고 사는 사람들, 특히 자녀들 걱정을 무슨 액세서리처럼 매달고 다니는 엄마들이 많습니다. 과연 아이들이 그런 엄마를 친구들에게 소개하고 싶어 할까요? 아이들은 자신을 걱정해주기보다는 친구들에게 자랑하고 싶은 부모가 되어주기를 더 바랍니다. 주변 친구들이 부러워하는 멋있는 부모가 뒤에 있을 때 아이들은 뿌듯한 자존감을 갖게 됩니다.

그러니 부모, 특히 어머니들은 아이 걱정을 한답시고 자기 관리를 게을리 하면 아이가 남들에게 보이기 부끄러운 부모가 되고 맙니다. 아이에 대해 지나치게 걱정하는 것은 자신의 무기력함을 숨기기 위한 방어책이고 도피책일 뿐입니다. 계속 그런 태도로 살다 보면 아이가 지겨워하는 부모로 남을지도 모릅니다.

오랫동안 알아온 자매가 있습니다. 아이가 어릴 때는 건강하기만 하면 더 바랄 것이 없겠다더니 중학교 때는 성적 걱정, 고등학교 때는 좋은 대학 못 갈까봐 대학에 들어가서는 취직 못 할까봐, 직장에 들어갔더니 장가 못 갈까봐, 걱정하며 살았습니다. 그래서 자매의 아들에게 말했지요.

"어머니가 자네 걱정 때문에 얼굴에 수심이 가실 날이 없다네. 어머니한테 걱정 좀 끼치지 말게나."

청년은 누가 들을까 두려워하는 것처럼 주위를 한번 둘러보더니 나지막이 말을 했습니다.

"우리 엄마한테 절대 말씀하지 마세요. 사실 요즘 엄마 때문에 미치겠어요. 엄마가 자기 인생이나 찾았으면 좋겠는데 결혼하고 나서까지 자꾸 간섭을 해요. 그래서 아내와도 만날 싸우고, 돌아버리겠어요. 즐겁다가도 엄마 얼굴만 보면 우울해져요."

자녀에 대한 지나친 걱정을 할 시간에 자기 개발을 하는 것이 진정한 자녀 사랑법입니다. 나이 들어 친구도 없이 자녀에게 기대는 것은 짐이기 때문입니다. 이제 자녀 걱정 그만하고, 친구도 만나고 자유롭게 여행을 다니면서 인생을 즐기세요. 안 그러면 나이 들어 자식들이 챙기지 않는다고 징징거리며 살게 될지도 모릅니다.

# 주고도 욕먹는 이유를 아십니까

· · · · 자식이 원하는 것을 주는 부모 되기

어느 상담소에 노부부 한 쌍이 찾아왔습니다. 평소에 '성가정'을 이루고 산다고 소문이 자자하던 잉꼬부부였습니다. 사연인즉 마나님은 강력히 이혼을 요구하고 영감님은 동의를 하지 않아 상담소를 찾아온 것이었습니다. 영감님은 흥분해서 목소리까지 떨렸습니다.

"이 나이에 이혼 당하게 생겼으니 나 참 황당해서. 내가 이혼 당할 이유가 없어요. 생활비를 안 갖다 줬나 도박 빚을 졌나, 내가 잘못한 게 요만큼도 없다고. 그 뿐인가. 철철이 옷 사줘, 사흘이 멀다 하고 외식 시켜줘, 남들이 부러워할 만큼 잘해줬는데 갑자기 이혼

하자고 하니 도무지 이해가 안 가요."

영감님의 말을 듣고 난 상담가가 마나님에게 도대체 무엇이 문제인가 물었습니다.

"남편 잘 만났다고 남들이 부러워하긴 했지요. 이것저것 많이 해주었거든. 그런데 내 의사를 물어본 적은 한 번도 없었다우. 옷을 사줘도 자기 취향의 옷만 사주고, 외식을 하러 나가도 자기가 좋아하는 식당에만 갔으니까. 이젠 자식들도 다 컸으니 내가 하고 싶은 걸 하면서 내 마음대로 살고 싶다우."

이런 때 영감님에게 뭐라고 조언을 해야 할까요?

1. 이참에 다 버리고 새장가 가시오.
2. 무자식, 무마누라가 상팔자니 혼자 사시오.
3. 이제부터는 상대방의 의사를 물어보면서 살도록 노력하시오.

답은 3번입니다. 사실 이런 경우는 부부관계에서보다 부모와 자식의 관계에서 더 두드러지게 나타나는 현상입니다. 부모님이 참으로 많은 것을 해주었는데 부모님을 생각하면 어쩐지 마음이 불편하다고 말하는 자녀들이 적지 않습니다. 그런 자녀들은 스스로를 불효자식이라고 자책하며 괴로워하지요. 하지만 이는 자녀의 문제라기보다 부모에게 문제가 있는 경우가 더 많습니다.

자녀가 원하는 것이 아니라 자신이 바라는 것을 주며 스스로 만족하는 사람들이 적지 않습니다. 그러면 자녀는 자신이 원하는 것은 억압하고 부모가 원하는 것에 맞추는 삶을 살아야 합니다. 자기 인생을 사는 것이 아니라 부모의 인생을 살아주는 셈이지요.

부모는 자녀에게 진정으로 필요한 것이 아니라 자신의 만족을 위해 필요한 것들을 주면서 자신을 좋은 부모라고 여깁니다. 그러나 자식은 부모에 대해 고마움을 느끼기보다는 있는 그대로의 자기 모습을 인정받지 못한다고 느낍니다. 또 한 사람의 인격체로서 존중받지 못하며, 일일이 간섭받는다고 생각하게 됩니다. 이것저것 다 해주는 부모인데, 왜 자녀들은 계속 부족하다고 느낄까요? 그것은 물질적인 것이 아닌 부모의 진정한 사랑에 갈증이 나고 허기가 지기 때문입니다. 그런 자녀들의 가슴속에는 점점 답답함이 쌓여갑니다.

이런 부모들은 자녀를 자기 마음대로 조종하고 지배하려는 무의식적 욕구를 가지고 있을 수 있습니다. 자녀에게 엄할 가능성도 높습니다. 우리 사회에서 '양반집'이라고 할 때는 한 가지 기준이 절대적으로 적용되곤 했습니다. 그것은 '엄한 집안'이어야 한다는 암묵적인 기준이었지요. 엄한 집안에서 자란 사람이 행동거지가 반듯할 것이라는 생각 때문인데, 그렇게 자란 아이들은 다 반듯하고, 심리적으로 아무 문제가 없을까요?

 자녀를 위해서가 아니라 자기 자신을 위해서 엄하게 키우는 부모는 아이들을 질식시킵니다. 야단을 쳐도 아이가 감당하기 힘들 정도로 야단을 치지요. 그렇게 자란 아이들은 눈동자가 불안하게 움직입니다. 야단맞지 않기 위해서 힘을 가진 사람의 눈치를 보는 것입니다. 남의 눈치만 살피는 아이들에게 자기 인생, 자기 세계가 없는 것은 당연합니다. 늘 뒷전에서 맴도는, 눈치꾸러기 인생입니다. 또 큰일을 하지 못합니다. 정신적인 에너지를 온통 야단맞지 않으려고 눈치 보는 데 다 써버려서 정작 중요한 일을 할 때는 사용할 수 없기 때문입니다.

 게다가 어디를 가도 혹 야단이라도 맞을까봐 마음 놓고 놀지 못합니다. 인생살이가 말 그대로 좌불안석입니다. 또 고지식하고 융통성이 없어서 재능을 충분히 발휘하기 힘듭니다. 성장하기 위해서는 실수와 실패가 허용되어야 하는데, 그랬다간 야단맞을까봐 부모가 시키는 대로 살아왔기 때문입니다.

부모 편하자고 야단만 칠 게 아니라 사랑을 주어야 아이가 제대로 성장합니다. 부모가 주고 싶은 게 아니라 아이가 받고 싶은 걸 주어야 고맙다는 인사를 받습니다. 안 그러면 주고도 욕먹습니다.

# 가족의 행복을 바라기 전에
## 자신부터 행복하세요

· · · · 나 자신부터 행복해지기

어느 해 연말, 부부애가 가장 깊은 부부를 뽑는 콘테스트가 열렸습니다. 첫 번째로 나이 지긋한 한 쌍의 부부가 나왔는데 손을 꼭 잡은 채 서로에게서 한시도 눈을 떼지 않는 것이었습니다. 아내가 먼저 말했습니다.

"우리 남편은 저한테 5분마다 문자를 보내요"

심사위원이 물었습니다.

"지겹습니까?"

아내는 무슨 소리냐는 듯 눈을 동그랗게 뜨고 손사래를 쳤지요.

"아뇨, 3분마다 보내주었으면 좋겠습니다."

심사위원이 계속 물었습니다.

"지금까지 부부생활을 사십 년 이상 해오셨는데 아직도 사랑하십니까?"

이번에는 남편이 대답했습니다.

"저희는 다시 태어나도 이렇게 같이 살 겁니다."

그 자리에 있던 사람들의 팔뚝에 일제히 닭살이 돋았습니다. 대상인 닭살상이 이 부부의 몫으로 돌아갔지요.

한편 남편을 너무 사랑해서 남편이 술 마시는 걸 매일 걱정하며 살아온 자매는 작은 상조차 받지 못했습니다. 슬그머니 부아가 난 자매가 심사위원에게 가서 따졌습니다.

"이보세요, 위원 양반. 나는 남편을 너무 사랑해서 평생 그 사람 걱정만 하며 살아온 사람입니다. 그런데 어째서 나한테는 상품을 하나도 안 줍니까?"

"남편께서 술 드시는 것을 몇 년이나 걱정하셨습니까?"

"자그마치 삼십 년이에요. 그동안 웃어본 날이 없을 정도죠."

"그래서 술을 끊으시던가요?"

"이상하게 더 늘더라구요."

"남편 걱정할 때 남편께서 고마워하시던가요?"

"아뇨, 내가 무슨 말만 할라치면 '지겹다 지겨워' 하면서 싹 돌아앉아요."
"그럼 부부애가 좋으신 게 아니네요, 뭐."

그래서 그 자매는 풀이 죽어 돌아갔다는 안타까운 이야기입니다.
이 자매와 비슷한 자매가 또 있었습니다. 어느 날 눈물이 글썽글썽한 채 찾아와서 왜 그런가 물었더니 남편이 병으로 입원을 했다더군요.
"신부님, 병원에 찾아가서 우리 남편을 위해 기도해주세요."
"아이구, 그런 일이 있었군요. 당연히 가서 기도해드려야지요."
그렇게 나흘 동안 매일 병원에 가서 기도를 드렸습니다. 그런데 닷새째 되는 날 자매가 또 찾아왔습니다. 그렇게 일주일이 지나 이주일이 될 때까지 매일 찾아와 자기 남편만을 위해 기도 방문을 해달라는 것이었습니다. 나중에는 지겨워서 슬슬 도망을 다니게 되고, 복도에서 비슷한 자매만 봐도 가슴이 벌렁거렸습니다.
그런데 어느 날은 간호사가 찾아왔습니다. 남편이 저를 찾는다는 것이었습니다. 중요한 고해성사를 하려나 보다 하고 병원에 찾아갔지요. 침상 머리를 지키고 있던 자매는 제가 들어오는 걸 보고 가

자미눈으로 째려보는데, 남편이 귓속말로 속삭였습니다.

"신부님, 우리 마누라 좀 어디로 보내주세요. 밥 먹을 때마다 눈물이 글썽해서 숟가락으로 밥을 떠 먹여주려고 합니다. 그러면서 '여보 어서 먹어. 당신이 그렇게 밥을 못 먹으니 내 가슴이 너무 아파' 하는데 듣기 좋은 꽃노래도 하루 이틀이라고, 매일 밥 먹을 때마다 청승을 떠니 아주 환장할 지경입니다. 차라리 마누라가 남들처럼 놀러 다니고 맛있는 것도 사 먹고…… 그러면 더 좋을 텐데, 왜 저러는지 모르겠습니다. 내가 안 아플 때는 거들떠도 안 보더니……."

밥을 맛있게 먹으려 해도 아내가 금방이라도 울 것 같은 표정으로 바라보니 밥맛이 날 리가 없는 게 당연했습니다. 환자를 고치려면 간병하는 사람이 건강하고 행복해야 합니다. 술 마시는 남편 걱정하느라 삼십 년 간 행복을 모르고 산 자매나 남편 간병한답시고 자기 생활은 팽개친 채 남편 옆에 붙어 청승만 떠는 이 자매나 어리석기는 마찬가지입니다. 배우자뿐만 아니라 자녀들에게도 사랑받지 못할 가능성이 크지요.

사이가 좋지 않은 부부들 가운데 자녀들에게 이런 말을 하는 경우가 종종 있습니다.

"너희는 우리처럼 살지 말아라."

"내가 너희만 아니어도 당장 이혼할 텐데, 너희들 때문에 참고 사는 거야."

자신은 불행하면서 자녀에게는 행복하게 살라고 하는 부모, 자신의 불행을 자녀 탓으로 돌리는 부모를 보며 자란 아이들이 과연 행복하게 살까요? 아이들은 부모가 살던 모습 그대로 따라 삽니다. 행복한 부모 밑에서 행복한 자녀가 나오고, 불행한 부모 밑에서 불행한 자녀가 나오는 것입니다.

우리는 기도할 때마다 가족이 행복해지기를 기도합니다. 그러나 얼굴에 걱정이 가득한 채로 기도하는 모습을 보이면 그걸 보는 가족의 마음이 편하고 행복할 리 만무합니다. 가족이 행복해지기를 원한다면 자기 자신부터 행복한 삶을 살아야 합니다. 행복감에 차 있을 때는 비전이 잘 보이고 생활도 원활해집니다. 그러니 일도 잘 풀립니다.

가족보다 자신의 행복을 찾는 것이 결코 이기적인 게 아닙니다. 가족의 행복을 위해 무엇을 할까 생각하기보다 내가 행복해지기 위해서 무슨 일을 할까 고민하고 노력해야 다 같이 행복해집니다.

# 사랑도 주는 법에 따라 약이 됩니다

· · · · 자녀를 올바르게 키우고 싶은 부모들에게

어린 시절에 양질의 음식을 충분히 먹고 자란 아이들은 커서도 웬만한 잔병에는 걸리지 않습니다. 반면 어린 시절에 배를 곯아 영양이 부족했던 아이들은 성장하면서도 병에 잘 걸린다고 합니다. 마찬가지로 어린 시절에 부모님의 사랑을 충분히 받은 사람은 마음에 뒷심이 있어서 웬만한 어려움은 여유롭게 넘어갑니다. 그러나 사랑을 받지 못하고 자란 사람은 작은 일에도 쉽사리 좌절하지요.

그런데 여기서 한 가지 주의할 점이 있습니다. 어린 시절 끼니마다 고기에, 철철이 보약이나 영양제를 과다하게 먹고 자란 아이들의 경우 자칫 큰 병에 걸리기 쉽다는 것입니다. 정신적인 면에서도 다르지 않습니다. 과다한 사랑, 지나친 물질적 풍요, 하나부터 열까지 부모가 다 해주는 과보호는 종국에는 아이를 망가뜨립니다.

중국집이나 피자가게 등에서 오토바이로 배달 일을 하는 청소년들을 어른들은 흔히 '문제아'로 여깁니다. 언론에서도 아이들이 유흥비를 마련하기 위해 학업도 내팽개치고 아르바이트를 한다는 식으로 보도했지요. 개중에는 밤이면 폭주족으로 변하는 아이들도 있겠지만, 많은 어른들이 배달 일을 하는 청소년들을 모두 문제아로 생각하는 것은 위험합니다. 그들을 학교로 돌려보내는 것만이 유일한 해결책인 양 이야기하는 것도 섣부른 판단이라고 할 수 있습니다.

청소년 상담가들의 의견에 따르면 아르바이트를 하거나 직업을 가진 아이들은 그들의 거친 외관과는 달리 훨씬 건전하다고 합니다. 진짜 심각한 문제아들은 오히려 집에서 다 챙겨주어 부족함 없이 자란 아이들 가운데 많다고 합니다. 부모의 뒷바라지를 받으며 학교에 다니는 아이들은 현실적인 아쉬움이 없습니다. 현실적인 아쉬움이 없기 때문에 비현실적인 욕구 속에서 건강하지 못한 마음으로 살 가능성이 높습니다. 그러나 일을 하는 아이들은 돈 한 푼

벌기가 얼마나 어려운지, 그 돈이 얼마나 소중한지 잘 알기 때문에 오히려 건전한 삶을 사는 경우가 많습니다.

부모들은 부족한 것 없이 해주어야 자녀가 잘 자라리라 생각합니다만 실제로는 그렇지 않다는 얘기지요. 인생의 초기에 어느 정도 어려움을 겪어보는 편이 앞으로의 삶에 유익합니다. "젊어 고생은 사서도 한다"는 옛말이 괜히 있는 것이 아닙니다.

고생이라고는 모르고 자라는 아이들, 과잉보호를 받는 아이들은 아무것도 안 해도 됩니다. 그저 공부만 하면 집안일을 할 필요도 없고 돈을 벌 필요도 없습니다. 어른들이 알아서 다 해줍니다. 아버지는 교육비를 대고 용돈을 주고 필요한 것은 다 사줍니다. 어머니는 밥 해주고 빨래 해주고 청소해주고 심지어 스케줄까지 짜줍니다. 대학에 들어가서도 변하는 건 크게 없습니다. 요즘은 어머니들이 수강신청을 대신 해주고 성적이 안 나오면 교수에게 항의를 한다고 합니다. 자녀가 대학을 졸업해 취직을 할 때도 면접 시험장에 따라간다더군요.

그렇게 성장한 아이들이 부모에게 고마워할까요? 평생을 뒷바라지했는데 이젠 자식들이 자기 말은 듣지도 않는다고 푸념하는 어머니들이 많습니다. 대개 육십 대 자매님들인데 공통적으로 꼭 하는 말이 있지요.

"나는 자식들한테 바라는 게 하나도 없어요. 다 자기들 잘 되라고 한 것이지."

그리고는 또 이렇게 말합니다.

"내가 지들을 어떻게 키웠는데."

이렇게 전혀 상반된 이야기를 한자리에서 합니다. 자녀들에게 모든 걸 다 주었지만, 아니 모든 걸 다 주었기 때문에 자녀들로부터 버림 받는 경우는 비일비재합니다.

주변에서 실제로 있었던 일을 예로 들자면, 착한 엄마 콤플렉스에 걸린 어느 할머니가 있었습니다. 할머니는 할아버지가 돌아가시며 물려준 재산을 모두 자식들에게 나누어주고는 "나 좀 부탁한다"고 했습니다. 그런데 빌어먹을 자식들이 입을 싹 씻고 다 돌아섰답니다. 할머니는 배신감과 서러움에 몸을 떨었지만 혼자 살기로 결심했습니다.

그러던 어느 날, 자식들 사이에 할머니한테 통장이 있다는 소문이 돌았습니다. 얼마나 많이 들었는지 밤에도 옆구리에 꼭 끼고 주무신다는 소문이었지요. 자식들은 다시 선물 보따리들을 들고 할머니 앞에 나타나기 시작했습니다. 아이들이 커서 집을 넓혀야 하니 한 푼만 빌려줍쇼. 사업이 어려운데 또 한 푼만 빌려줍쇼. 그러나 할머니는 단 한 푼도 자식들에게 주지 않았습니다. 그저 이렇게 말할 뿐이었지요.

"나 죽은 뒤 가져가라."

자식들은 할머니 비위를 맞추느라 무진 애를 썼습니다.

드디어 할머니가 돌아가셨습니다. 장례를 치르기 무섭게 자식들은 할머니의 통장을 펼쳐보았겠지요. 그런데 이게 웬 걸. 자식들의 눈이 하얗게 돌아갔습니다. 한 푼도 없는 빈 통장이었던 것입니다.

마지막에 통쾌하게 한 방 먹이고 돌아가신 할머니가 뒤늦게 깨달은 것은 무조건 주는 것만이 사랑은 아니라는 것이 아니었을까요.

온몸으로 자녀를 키우는 부모들이 많습니다. 혹여 자녀가 손에 물이라도 묻힐까 걱정하고, 하나라도 더 주지 못해 늘 안달입니다. 얼핏 보면 자식에 대한 사랑이 매우 깊은 듯이 보입니다. 그러나 그것은 사랑이라기보다 과보호이고, 집착이기도 합니다. 품안에서 자녀를 떠나보내지 않으려는 욕심이고, 자녀가 자신을 떠나서는 살지 못하게 하려는 무의식적인 행동이기도 합니다.

그런 부모가 사망하면 자녀는 수십 년을 헤맵니다. 모든 것을 다 해주던 존재가 사라져버렸으니 어떻게 살아야 할지 모르는 것이지요. 속 모르는 사람들은 그런 사람을 보면 효자라고 칭송합니다. 그러나 그 배우자는 잘 압니다. 자기 배우자가 효자도, 능력 있는 사람도 아니라는 것을 말입니다.

자녀를 올바르게 키우고 싶다면 다 주는 게 아니라 적절하게 주어야 합니다. 정신의학자 스캇 펙(M. Scott Peck)은 말했지요. "사랑은 지각 있게 주는 것이며, 또 지각 있게 주지 않는 것"이라고. 백 번 옳은 말입니다.

이렇게까지 얘기했는데도 아이가 고생하는 건 못 보겠다며 다 해주려 든다면, 그것은 자녀를 사랑해서가 아니라 병 때문입니다.

# 내가 듣기 싫은 잔소리, 하지도 맙시다

··· 자녀의 반발심을 키우는 잦은 잔소리

"신부님, 우리 아이는 숫기가 너무 없어서 걱정이에요."

"우리 아이는 아무것도 할 생각을 안 해요."

이런 하소연을 하는 어머니들이 종종 있습니다. 자녀들이 달팽이 콤플렉스에 걸린 경우입니다. 달팽이 콤플렉스의 특징은 다음과 같습니다. 만성적으로 우울한 상태 속에서 살아갑니다. 일 년 열두 달 옷 색깔이 늘 어두운 사람들, 일 년 내내 한 번도 활짝 웃지 않는 사람들, 사람을 만나는 것은 피곤한 일이니 차라리 집에서 혼자 있겠다고 하는 사람들. 밖으로 나오지 않아서 집으로 찾아가 보면 하루 종일 그냥 앉아 있습니다. 그래서 물어봅니다.

"뭐하십니까?"

그럼 이렇게 대답하지요.

"앉아 있어요."

다른 사람들이 자신에게 잘해주는 것을 부담스러워합니다. 조금이라도 위험이 있어 보이는 곳에는 절대로 가지 않습니다. 건드리면 달팽이처럼 머리가 안으로 쏙 들어가 버립니다. 이런 성격의 형성 원인으로 여러 가지를 들 수 있지만 대체로 잔소리가 심한 양육자 아래서 자란 사람이 많습니다.

부모들이 한결 같이 하는 말이 있지요.

"다 너 잘되라고 하는 소리야."

따라서 잔소리하는 본인은 충고라고 생각합니다. 그러나 듣는 사람에게는 듣기 싫은 잔소리일 뿐입니다. 물론 사람이 성장하는 데 늘 좋은 소리만 듣는다면 그것도 문제입니다. 자칫하면 천방지축이 될 수 있지요. 그런 의미에서 잔소리는 몸에 좋지만 입에는 쓴 약의 기능을 합니다. 다만 모든 일이 그렇듯이 잔소리 역시 너무 많이, 자주 사용하면 부작용만 생깁니다. 우선 같은 이야기를 반복해서 하면 하는 사람은 안 그럴지 몰라도 듣는 사람은 지겹습니다. 그래서 잔소리가 시작되면 달팽이처럼 자기 안으로 쏙 들어가서 아예 반응을 보이지 않습니다. 또 잔소리를 지속적으로 들으면 무기력증에 빠집니다.

어느 심리학자가 실험을 했습니다. 낮은 벽 하나를 세워두고, 개에게 전기 충격을 주어 건너편으로 피하게 하다가 나중에는 양쪽 모두에 전기 충격을 주었습니다. 결국 개는 전기 충격이 가해지는데도 피할 생각은 않고 배를 깔고 엎드려 꼼짝 않고 있더랍니다. 무기력에 빠진 것이지요. 잔소리는 전기 충격과 같습니다.

또한 잔소리는 요구사항을 이야기하는 것인데, 너무 많은 것을 요구하면 아이는 이것도, 저것도 아닌 상태가 될 수 있습니다.

동물들이 자신들의 왕을 뽑기로 했습니다. 하늘의 왕 독수리, 육지의 왕 사자, 바다의 통치자 고래가 후보로 나섰습니다. 그런데 왕이 되기 위한 조건은 하늘에서도, 땅에서도, 그리고 바다에서도 활동을 해야 한다는 것이었지요. 결국 오리가 동물들의 왕이 되었습니다. 하늘, 땅, 물 모두에서 자유롭게로 다닐 수 있으니까요. 이거 해라 저거 해라, 이렇게 하면 안 된다 저렇게 하면 안 된다. 끊임없이 잔소리를 듣고 자란 아이들은 오리 같은 사람이 되고 맙니다. 무엇을 하긴 하는 것 같은데 잘하는 것은 하나도 없는 사람이지요.

잔소리를 많이 하는 부모는 강박증적인 성격을 가진 경우가 많습니다. 완벽하지 않으면 용서가 안 되는 성격을 가진 사람들이 잔소리가 심합니다. 쉽게 말해 자기 속을 들볶는 사람이 남의 속도 들볶습니다. 자기 자신에게 지나친 요구를 하는 사람이 남에게도 그렇게 합니다. 이런 부모는 자기 불만의 배출구로 가장 만만한 자녀들을 이용하는 것입니다.

잔소리가 심한 사람은 대개 무능력한 사람이기도 합니다. 자녀가 자신의 무능력함을 알고 비웃을까봐 먼저 비현실적인 요구, 즉 잔소리를 퍼붓습니다. 얼마나 심한지 정신을 못 차릴 지경입니다. 아이는 이런 부모를 존경할까요? 전혀 그렇지 않습니다. 오히려 '자기도 그렇게 못하면서' 하고 속으로 분노를 쌓아갑니다.

'내가 네 나이 때는 그러지 않았는데 어쩌구, 너는 나 때보다 훨씬 좋은 여건에서 그것밖에 못하냐 저쩌구' 하며 아이를 주눅 들게 하고, 무기력하게 만드는 부모가 있습니다. 오죽하면 아이들 앞에서 과거 자랑이나 하고 있을까요. 그것은 부모의 긍지가 아닌 열등감의 발로입니다.

잔소리의 부작용은 심각합니다. 아이들 잘되라고 하는 소리라지만 잔소리가 요구하는 반대의 방향으로 나아가게 합니다. 아이의 마음속에는 불안이 늘어나고, 권위적인 어른에 대한 반항심이 생깁니다. 정신적인 압박감 때문에 무기력증에 걸립니다. 못 다 한 일 때문에 마음이 무거워 삶을 즐기지 못합니다. 잔소리를 듣지 않기 위해 거짓말을 하게 됩니다. 거짓말 대신 병적인 양심을 갖게 되기도 합니다.

예를 들어, 동네 마당 청소 문제로 토론이 벌어졌는데 한 아줌마가 목청을 높였습니다.

"사람들이 청소를 안 해서 동네 꼴이 아주 더러워졌다니까. 도대체 왜들 동네를 사랑하지 않느냔 말이야."

이때 건강한 사람이라면 콧방귀를 뀌고 맙니다.

'너나 잘하세요. 왜 우리한테 난리야.'

하지만 병적인 양심을 가진 사람은 고개를 숙이고 자책합니다.

'맞아. 나는 나쁜 사람이야.'

그리고는 아무도 나오지 않은 마당에서 자기 혼자 청소합니다. 그러니 만성피로가 따라다닙니다. 쉬는 시간 없이 자신을 채찍질하기 바쁘기 때문이지요. 어린 시절부터 부모가 하던 잔소리가 몸에 배어서 이제는 스스로에게 잔소리를 하는 것입니다.

또한 잔소리 하는 사람은 누구에게도 환영받지 못합니다. 어떤 신부가 신자들에게 변화하라고 들들 볶아대다가 자기 성질을 못 이겨 죽었다고 합니다. 그 신부가 죽은 날 신자들은 장례를 하는 뒤에서 잔치를 벌일 정도로 기뻐했다고 하는데, 어쨌든 이 신부가 살기는 열심히 살아서 천당에는 가게 되었습니다. 그런데 천당에 가 보니 고칠 점이 너무나 많아 만나는 사람마다 잔소리를 해대고 다녔지요. 견디다 못한 천당 주민들은 민원을 내고, 차라리 연옥에 가 살겠다며 이주 신청을 위해 줄을 잇는 사태가 벌어졌습니다.

하느님도 예외는 아니었습니다. 하느님이 나타나시기만 하면 득달같이 달려가 천당이 왜 이 모양이냐며 이러쿵저러쿵 잔소리를 했지요. 하느님 역시 견디다 못해 연옥에나 갈까 하다가 마지막으로 신부에게 깨달음을 주기 위해서 친히 붓글씨로 쓴 현판을 주셨습니다. 현판에는 한문으로 '행할 시(撕), 죄 벌(罪), 일할 노(勞), 말 마(馬)'라고 쓰여 있었습니다.

"하느님, 이게 무슨 뜻입니까?"

하느님은 친절히 대답해주셨지요.

"옛날 당나라의 한 나그네가 길을 가는데 농부가 밭을 갈다 지친 말에게 채찍질을 하더란다. 그래서 농부에게 교훈을 줄까 하고 사자성어를 써서 농부에게 주었느니라. 행할 시, 죄 벌, 일할 노, 말

마. 일하는 말에게 벌을 가한다는 뜻으로 그렇게 살지 말라는 소리이지."

신부는 그것이 욕인 줄도 모르고 자기 집 문 앞에 떠억 하니 걸어놓고 살았다는 슬픈 이야기입니다.

이렇듯 잔소리는 백해무익합니다. 자녀가 잘되기를 바란다면 차라리 입을 다물고 말없이 기도해주는 편이 좋습니다.

# 지구를 지키는 것은
# 독수리 5형제가 아니라 어머니

· · · · 아이에게 가장 큰 영향을 미치는 존재

　　　　　　　　　어느 신부가 개신교(protestant, 종교개혁으로 가톨릭교회에서 분리되어 독립된 교회를 이룬 그리스도교 종파. 오늘날에는 구교인 가톨릭과 대비된 개념으로 부름) 신학교에 초대받아 가서 성모님에 대한 강의를 했습니다. 강의가 끝나고 자유로이 대화하는 시간이 되자 신학생 하나가 벌떡 일어나서 소리쳤습니다.

"예수님은 하느님이고 성모 마리아(예수그리스도의 육신의 어머니 아기 예수를 낳고 키운 분으로 가톨릭교회에서는 정신적인 어머니로 공경한다)는 피조물입니다. 마리아는 예수님께서 이 세상에 오시기 위해 한 번 빌려 쓴 도구에 지나지 않아요. 그런데 왜 천주교는 마리아를 그토록 공경하는 겁니까? 우상숭배 아닌가요?"

이 말을 듣고 화가 난 신부는 이렇게 말했습니다.

"지 에미도 모르는 호로 자식!"

또 어느 청년은 성모님을 믿어야 하나 말아야 하나 고민에 휩싸였습니다. 직장 사람들이 자꾸만 비아냥거렸던 것이지요.

"너희는 그리스도교냐, 아니면 마리아교냐?"

그렇게 고민하던 어느 날 청년은 천당 꿈을 꾸었습니다. 저녁이 되자 천당 사람들이 길게 줄을 지어 그날 하루를 어떻게 지냈는지 하느님 앞에 고해성사를 보더랍니다. 하느님은 한 사람 한 사람에게 물으셨지요.

"오늘 기도는 얼마나 했냐? 이웃은 많이 사랑했느냐?"

"그게…… 얼마 못했습니다."

"뭐라? 너는 왜 네 십자가를 지고 나를 따르지 않는 것이냐!"

그렇게 야단을 맞고 나온 사람들 가운데 몇 명은 뒤켠으로 돌아가 통회기도를 하고는 시무룩한 얼굴로 집으로 돌아갔습니다. 그런데 천주교 출신 사람들은 어디론가 슬그머니 갔다 와서는 시시덕거리며 집으로 가는 것이었습니다. 얼굴이 벌겋게 상기된 채 환하게 웃는 모습이 궁금증을 자아냈습니다. 청년은 고해소에서 나오는 천주교 출신 사람들의 뒤를 살그머니 따라갔습니다. 그들을 따라 들어간 곳은 주막집이었습니다. 주모는 다름 아닌 성모님이셨는데, 하느님께 야단맞고 들어오는 사람들 한 사람 한 사람의 등을 두들겨주셨습니다.

"우리 아들이 원래 성격이 깐깐해서그래. 마음들 풀어."

성모님은 술상도 차려주시고 담배까지 태우라고 주셨습니다. 청년은 그제야 궁금증이 풀렸습니다. 사람들은 그곳에서 먹고 마시고 피우고 웃고 떠들고 성모님께 응석도 부리면서 속풀이를 하는 것이었지요.

꿈을 꾸고 난 후 청년은 성모님을 믿기로 했다는 믿거나 말거나 한 이야기입니다.

어린 시절 세례를 받은 후 그리스도는 늘 제 인생의 화두였습니다. 성모님을 받아들이기는 쉬웠습니다. 어머니처럼 푸근한 느낌이었고 그분께 청을 한 것은 대부분 들어주시는 듯했기에 언제라도 스스럼없이 기도하고 대화하고 떼를 쓰며 친밀감을 느꼈습니다. 성모님은 어머니였으니까요.

사람이 위급한 상황을 맞았을 때 누구를 제일 먼저 부를까요?

1. 애인

2. 빚쟁이

3. 본당신부

4. 보좌신부

5. 아버지

6. 어머니

대개는 부모님을 제일 먼저 부릅니다. 그중에서도 아버지보다는 어머니를 먼저 부릅니다. 아버지보다 어머니가 우선인 까닭은 우리가 세상에 나와 최초로 접촉하는 대상이 바로 어머니이기 때문입니다. 마치 결혼하고 나서도 첫사랑을 잊기 어렵듯이 어머니에 대한 기억은 무의식 깊은 곳에 자리 잡고 있지요. 어머니는 사람의 인생에서 그만큼 중요한 위치를 차지합니다.

그럼에도 불구하고 전업주부로 지내는 여성들 가운데는 자신의 처지를 쑥스럽게 여기는 경우가 있습니다. 심지어 자기는 애 키우는 것밖에 할 줄 아는 게 없다고 스스로를 한심하게 여기기도 합니다. 그러나 어머니들이 자식을 키우는 일이야말로 세상의 모든 일 중에서 가장 중요한 일입니다. 어머니의 양육방식에 따라서 세상에 범죄자들이 많아지느냐, 건강한 사람들이 많아지느냐 하는 것이 결정되기 때문입니다.

세상이 얼마나 살기 좋아지는가는 정치인의 손에 달려 있는 것도 아니고 기업인의 손에 달려 있는 것도 아니고 종교인의 손에 달려 있는 것도 아닙니다. 바로 어머니들의 손에 달려 있습니다. 건강한 어머니들이 많은 나라는 건강한 나라이고, 병든 어머니들이 많은 나라는 병든 나라입니다.

아이에게 어머니의 영향력은 절대적입니다. 특히 유아가 울음으로 자신을 표현할 때 어머니의 반응이 어떠했는가가 아이의 성장에 큰 영향을 미친다고 합니다.

울음에 즉각 반응하는 어머니의 손에 자란 아이들은 세상을 안전하고 믿을 수 있는 곳으로 여기고 마음껏 자신의 재능을 펼쳐나갑니다. 지적 능력 역시 그렇지 않은 경우에 비해 월등히 발달합니다. 그 이후의 성장 과정에서도 어머니는 아이에게 가장 큰 영향을 미치는 존재입니다. 어머니는 한 사람을 성인을 만들 수도 있고 악인을 만들 수도 있습니다.

그러므로 어머니들은 위대한 사명을 띤 존재입니다. 지구를 지킬 수 있는 건 오직 어머니들뿐입니다.

그리고 어머니들 중의 어머니이신 분이 바로 성모 마리아이시기에 천주교 신자들은 그분을 하느님 다음으로 공경하는 것입니다.

# 진짜 부모가 되려면

···· 부모를 용서하고 나 자신 용서하기

　　　　　　　　　　너무나 당연하지만 너무나 간과하기 쉬운 사실이 하나 있습니다. 인간의 모든 문제는 아버지, 어머니, 자녀라는 삼각관계 안에서 일어난다는 사실이지요. 사람은 누구나 부모로부터 충분한 사랑과 이해와 지지를 받고 자라야만 건강한 성인이 될 수 있습니다. 부모의 사랑을 받지 못하고 성장한 사람들은 아무리 나이가 들어도 애정에 목말라 합니다. 자신이 부모가 되어서도 자녀에게 올바르게 사랑 주는 법을 모릅니다. 어린 시절 부모와 맺은 관계는 한 사람의 평생에 지대한 영향을 미칩니다. 부모되기는 그토록 중요하고 또 무서운 일입니다. 그럼에도 불구하고 아무나 부모가 됩니다. 부모가 되기 위해 자격증을 따야 하는 것도 아니고 부모 노릇을 배우기 위해 학교를 다니는 것도 아닙니다. 심지어 육아 관련 서적 한 권 읽지 않고도 부모가 됩니다.

심리학 공부를 하기 시작하면서 내 부모에 대한 생각을 하게 되었지요. 어린 시절에 아버지와의 관계는 참 좋았습니다. 장손으로서 아버지의 기대와 사랑을 듬뿍 받으며 살았지요. 그러나 사춘기에 접어들 무렵 가세(家勢)가 급격히 기울면서 아버지의 성격도 변했습니다. 식구들까지 견디기 힘들 정도로 이상한 변화였습니다. 특히 돈에 대한 집착이 당신의 불안감 때문이라는 사실을 안 것은 내가 그 시절의 아버지 나이가 된 만큼의 세월이 흐른 뒤였습니다. 그 전에는 모든 일을 돈이라는 관점에서 보고 돈에 대해서라면 지나치게 인색한 아버지를 전혀 이해할 수 없었습니다. 이해할 수 없으니 미운 건 당연했지요. 절대로 아버지처럼은 살지 않겠다고 다짐하고 또 다짐했습니다(아버지처럼 살지 않겠다는 다짐은 결국 자신의 인생을 만들지 못하게 합니다. 그저 아버지와 반대되는 인생을 만들 뿐입니다). 무엇보다 힘들었던 점은 부모님과 대화를 나눌 수가 없었다는 사실입니다. 많은 세월이 지난 지금까지도 텔레비전을 보다가 부모와 자식이 정답게 대화하는 장면이 나오면 무심히 보아 넘길

수가 없습니다. 가슴 깊은 곳에서부터 부러움과 외로움과 원망과 슬픔 같은 것들이 울컥 치밀어 오르곤 하기 때문입니다.

 책을 잔뜩 사들여서는 보든 안 보든 일단 쌓아두기부터 하는 것도 부모와의 관계에서 비롯된 버릇이라는 사실을 알았습니다. 내 문제를 귀 기울여 들어주고 설명해주고, 조언해주는 사람의 부재 때문이었습니다. 부모와의 단절된 관계, 속 깊은 대화를 나눌 수도 없고 인생의 지침을 들을 수도 없는 건조한 관계에서 오는 극심한 결핍감을 채우기 위해 성당에 나가기 시작했습니다.

 신학교에도 들어갔습니다. 대단한 뜻이 있어서라기보다는 아버지를 보는 것이 답답했고 인생이 아버지처럼 끝날까봐 두려웠고 집이라는 곳이 숨 막히는 곳이었기 때문입니다. 그렇게 들어간 신학교였지만 내 안의 문제에 대해 대화를 나눌 사람은 없었습니다. 시큰둥한 농담만 오갈 뿐이었지요.

 대화할 사람을 찾아 헤매다 지쳐 결국 책에 의존하게 된 것이었습니다. 그렇게 시작된 독서 편력이 지금은 중독이 되어버렸습니다. 하루라도 술을 마시지 않으면 몸도 마음도 힘들어서 또다시 술을 찾는 사람처럼, 하루라도 책을 읽지 않으면 종일토록 마음이 불편하고 허전해서 잠자리에 들기 직전이라도 꼭 책을 읽게 됩니다.

그러나 아무리 책으로 서가를 가득 채우고, 더 이상 책 꽂을 자리가 없어 바닥에 높다랗게 쌓아두어도 결핍감은 사라지지 않았습니다. 책은 인생의 가장 좋은 길잡이인 것은 분명하지만 사람이 채워야 할 모든 부분을 채워주지는 못합니다. 책은 사람이 아니니까요. 그렇게 대화에 대한 심한 갈증이 풀리지 않은 상태에서 어쩌다 말이 통하는 사람을 만나면 밥 사고, 술을 사가면서 그 사람을 붙들고 걸신들린 듯 꽁꽁 묻어둔 이야기를 했습니다. 참으로 중증이었습니다.

조금도 닮고 싶어 하지 않았고 많이 미워했음에도 불구하고 아버지는 내 인생에 크나큰 영향력을 미쳤습니다. 자수성가했으나 제대로 당신 인생을 피워내지 못한 아버지를 보며 왜 아버지는 남들처럼 부동산 투기로 떼돈도 못 벌고 저렇게 꽉 막혔을까 생각하기도 했지요. 정작 스스로는 아무 일도 하지 않으면서 말입니다. 백수 콤플렉스에 빠져 생산적인 활동을 전혀 안 하면서 돈 잘 못 번다고 아버지를 원망했으니 똥 묻은 개가 겨 묻은 개 나무라는 격이었지요.

사실 아버지뿐만 아니라 다른 사람에게 늘 문제를 전가하는 삶을 살았습니다. 소위 중복 우울증에 걸렸던 것이지요(우울증에는 두 가지가 있는 듯합니다. 하나는 자신을 너무 비하해서 생기고, 다른 하나는 자기애가 지나쳐서 생기는 소위 고급 우울증입니다. 두 가지에 다 해당하면 중복 우울증이지요).

열등감에 시달리기도 했습니다. 열등감은 칭찬을 해주지 않은 아버지로 인한 자신감과 자존감 상실 때문이라는 것을, 아버지에 대한 미움은 아버지로부터 인정받고 싶은 마음이 좌절되었기 때문이라는 것을 말입니다.

이제 아버지에 대한 미움도 원망도 많이 줄어들었습니다. 아버지는 하느님이 아닙니다. 나처럼 상처 입고 미숙하고 불완전한 한 사람의 인간일 뿐입니다. 부모를 용서하지 않는 한 우리는 어린아이의 상태에서 한 발짝도 나아갈 수 없습니다. 성숙한 어른이 되려면, 또 좋은 부모가 되려면 먼저 부모를 용서하고 나 자신을 용서해야 합니다. 그래야 자녀에게 올바른 사랑을 줄 수 있습니다.

03

# 관계 벗기.
# 사람이 남는 장사

사람은 다른 사람들의 애정과 인정을 받아야만 살 수 있는 존재입니다.
대인관계가 좋지 않아서 홀로 사는 경우 면역기능이 떨어져 육체적
질병에도 쉽게 걸리지요. 날라리 신부와 부자 콘테스트 1등 당선자처럼
사람에 투자하는 것이 가장 남는 장사입니다.

# 먹는 자리가 즐거운 사람이 행복한 사람

··· 행복해지는 가장 단순한 비결

사람이 행복해지려면 무엇이 있어야 합니까, 하고 질문하면 열이면 열 모두 '돈'이라고 대답합니다. 그런데 돈이 아무리 절실하고 중요해도 인생의 목표가 돈인 것이 과연 인생에 어떤 영향을 줄지 잠깐이라도 생각해보아야 합니다. 우선 지금보다 많은 돈을 벌면 행복할 거라는 생각을 점검해볼 필요가 있습니다. 이 세상의 부자들이 다 행복한 사람들은 아닐 테니까요.

재미있는 조사 하나가 있었습니다. 미국의 억만장자 마흔아홉 명을 대상으로 그들이 느끼는 행복의 정도를 조사했습니다. 결과는 가난하게 사는 사람들이나 마찬가지였습니다. 오히려 더 불행을 느끼고 사는 경우가 많았습니다. 심지어 어떤 부자는 자신은 한 번도 행복해본 적이 없었으며, 여전히 행복에 대해 배고픔을 느낀다고 답변했습니다.

페루에서 활동하던 한 선교사에게서 들은 이야기입니다. 남미의 가난한 농부들은 검소하기 이를 데 없는 식탁에서도 온 식구가 웃고 떠들면서 함께 밥을 먹는다고 합니다. 반면 경제적으로 월등하게 풍족한 북미 사람들의 식사 자리는 삭막하기 그지없답니다.

밥 먹을 때는 개도 안 건드린다는 우리의 옛말도 있듯이 밥을 먹는 자리는 가장 원초적인, 삶의 근본이 되는 자리입니다. 다른 곳은 몰라도 밥 먹는 자리는 정말 즐거워야 합니다. 따라서 밥 먹는 자리가 즐거운 사람은 행복한 사람이고, 그렇지 못하면 불행한 사람이지요.

역시 문제는 '마음'입니다. 가진 것이 적어도 만족하고 살면 행복하고, 돈이 아무리 많아도 만족하지 못한다면 더 많이 가져도 불행할 수밖에 없습니다. 실제로 상담을 하다보면 자주 겪게 되는 일입니다.

어느 상담가가 부잣집 마나님을 이십 년 가까이 상담했는데, 첫 상담시간에 푸념하며 펑펑 울더랍니다.

"어린 시절 부모님이 돈을 못 벌어서 하고 싶은 것 못해보고 갖고 싶은 것도 못 가지며 자랐어요. 그래서 나름 노력해 부잣집 아들한테 시집을 갔는데, 빛 좋은 개살구라고 시아버지가 얼마나 깍쟁이에 구두쇠인지 갖고 싶은 걸 못 갖는 건 똑같아요. 나는 왜 이렇게 불행한지 모르겠어요. 흑흑."

그렇게 펑펑 울어대기를 십 년, 시아버지가 돌아가시고 남편이 사업을 물려받아서 이제 좀 살맛 나는가보다 했더니 남편은 더 자린고비라서 힘들어 죽겠다고 또 십 년을 펑펑 울어댔겠지요. 결국 그 자매는 십 년은 시아버지 원망, 십 년은 남편 원망하면서 자신의 인생을 까먹어버린 것입니다. 그런데 알고 보니 시아버지나 남편이나 검소하긴 했지만 인색하지는 않아서 해달라는 건 웬만큼 해주는데도 늘 성에 차지 않아 하고 남의 것을 부러워하는 바람에 아주 곤욕스러워했다는 것입니다.

물질적 충족에 의한 행복은 짧고 허망합니다. 자신이 가진 것보다 더 좋은 물건은 항상 나타나기 마련이기 때문입니다. 나를 행복하게 했던 물건은 그보다 더 좋은 것을 보는 순간 나를 불행하게 만듭니다.

자신이 가진 것에 만족하는 사람이 행복합니다. 그 외에 행복의 조건은 또 무엇이 있을까요? 자폐연구기관의 설립자이자 심리학자인 미국의 버나드 림랜드(Bernard Rimland)는 이백 명의 학생들에게 잘 아는 사람 열 명의 이름을 적으라고 했습니다. 그러니까 이천 명이 조사 대상이 된 셈이지요. 그러고는 그 열 명이 불행한 사람인지 행복한 사람인지 쓰라고 했습니다. 그 다음에는 그 사람이 남을 돕는 사람인지 이기적인 사람인지 쓰게 했습니다. 결과는, 행복해 보이는 사람의 4분의 3정도가 남을 돕는 사람이었고, 불행해 보이는 사람의 95퍼센트가 이기적인 사람이었습니다.

남을 돕는 사람은 행복해 보일 수밖에 없습니다. 돈이 있든 없든 마음의 여유를 가졌기 때문입니다. 마음의 여유가 없는 사람들은 앞날에 대한 불안과 두려움, 걱정 따위에 쫓기면서 사느라 자기 옆이나 뒤를 보지 못합니다. 심지어는 바로 앞에 놓인 것도 보지 못합니다. 먹는 것도 먹는 둥 마는 둥, 사는 것도 사는 둥 마는 둥이니 남들이 보기에 불행할 수밖에 없습니다.

그리스의 철학자 데모스데네스(Demosthenes)는 말했지요.

"원하는 것을 가질 수 있다면 큰 행복이다. 그러나 그보다 더 큰 행복은 갖고 있지 않은 것을 원하지 않는 것이다."

행복의 또 다른 조건이 있습니다. 〈런던 타임스(The Times of

London》에서 가장 행복한 사람을 조사했습니다. 1위는 모래성을 막 완성한 아이, 2위는 아기를 목욕시키고 난 엄마, 3위는 공예품을 완성한 목공, 4위는 어려운 수술을 성공리에 마친 의사였다고 합니다. 우리가 정말 행복을 느끼는 순간은 해야 할 일을 해낸 순간, 그래서 내가 다른 사람들에게 필요하고, 중요한 존재라는 점을 느끼는 순간입니다.

런던대학의 나타부르 포드사비 박사팀의 조사 결과도 흥미롭습니다. 1만 명의 사람들을 대상으로 삶의 만족도에 대해 일곱 단계로 답하도록 설문조사를 했는데, 조사 결과 우리를 가장 행복하게 해주는 것은 '성공적인 인간관계'였습니다.

이제 행복하려면 어떤 조건들이 충족되어야 하는지 분명해졌습니다. 갖고 있지 않은 것보다 이미 갖고 있는 것에 집중하고, 기꺼이 남을 돕고, 자신의 일을 열심히 하고, 좋은 친구를 많이 가지면 인생이 행복할 수밖에 없습니다.

# 사람이 가장 남는 장사

· · · · 다른 사람의 애정과 인정을 받아야 사는 존재

옛날 한 신부가 있었습니다. 성당보다는 술집이나 노래방에 가 있는 시간이 더 많고 성경이나 영적 독서보다는 텔레비전 드라마를 더 많이 보고 사제관을 지키기보다는 맛있는 음식점을 찾아 전국을 찾아다니느라 바쁜 날라리 신부였습니다. 하느님께서 이렇게 생각하실 정도였습니다.

'이놈, 죽기만 해봐라. 연옥에 보내서 피죽만 먹이고 중노동을 시켜야지.'

마침 그 신부가 맛있는 것만 먹어대 비만이 된 상태에서 밤새도록 술 마시고 놀다가 심장마비로 급사했습니다. 장례미사(신자가 임

종을 하고 난 후 일반 장례식처럼 드리는 미사)에 수많은 사람들이 몰려와 곡을 하는데 신자는 별로 없고 술집과 노래방, 식당 주인들이 거반이었습니다. 그들은 VIP 고객을 급작스레 잃은 슬픔을 서로 나누었습니다.

하느님은 벼르던 대로 이 날라리 신부를 연옥으로 보내셨습니다. 그런데 웬 노인들 무리가 신부의 뒤를 따르는 것이었습니다. 하느님이 의아해하며 물으셨습니다.

"그대들은 뉘신가?"

"저희는 저 신부가 거쳤던 본당의 신자들입니다. 저 신부가 본당 사목은 별로 안 했지만 노인들은 극진하게 대해주어서 우리가 죽어서도 늘 기도해주었지요. 신부가 죽어 연옥을 간다 하니 저희도 따라가렵니다."

하느님은 날라리 신부를 불러 세우셨습니다.

"저 노인들 말이 사실이야?"

날라리 신부가 머리를 긁적이며 대답했습니다.

"노인들은 아주 작은 것만 해드려도 그렇게 고마워하실 수가 없더라고요. 그래서 저를 위해 기도해주실 기도 부대로 만들라고 아주 조금 투자했습니다."

결국 날라리 신부는 연옥행이 취소되고 천당에서 노인 사목 신부가 되었답니다.

날라리 신부 못지않게 '사람'에 투자한 이가 천당에는 또 한 명 있었습니다. 바로 부자 콘테스트에서 당당히 1등으로 뽑힌 사람입니다. 천당 와서 산 집이 재개발로 인해 가격이 수십 배 오른 사람, 조금씩 사들인 천당 땅이 아파트 붐이 일면서 수백 배로 값이 뛴 사람을 제치고 1등이 된 그가 가진 것이라곤 달랑 수첩 하나뿐이었습니다. 심사위원에게 제출된 수첩에는 그가 죽은 후에도 기억해주는 사람 수천 명의 명단이 적혀 있었지요. 사람 부자였던 것입니다.

살아있는 동안 건강하고 행복하게 지내려면 도우미들이 필요합니다. 즉, 사람이 필요합니다. 사람을 만나는 것 자체가 머리 아픈 일인데 굳이 사람을 만날 이유가 있는가 생각하는 사람도 물론 있습니다. 사람 잘못 만나서 패가망신한 경우도 숱하니 그럴 만도 합니다. 하지만 이런 경우도 사람이 중요하다는 사실의 반증이지요.

사람을 피해 조용히 홀로 사는 경우, 깨끗해 보일지는 모르지만 정신 건강에는 별로 좋지 않습니다. 운동만 예로 들어도, 혼자 연습할 때와 다른 사람과 시합할 때 중에서 어느 쪽이 더 실력이 붙겠습니까? 마음도 마찬가지입니다. 이런 사람 저런 사람 만나며 내 안의 온갖 감정을 체험하고 표현하면서 마음의 힘이 생깁니다. 사람은 대화를 통해 성장합니다. 그래서 영성가들은 산에서 홀로 도를 깨친 사람들보다 공동체 안에서 살아가는 사람들의 영성이 더 크다고 평가합니다.

  나는 오랫동안 친구가 없었습니다. 내 이야기를 하면 특이한 놈으로, 이상한 놈으로, 쓸데없는 생각만 하는 놈으로 볼 뿐 함께 대화를 나누려는 친구는 없었지요. 나는 왜 쓸데없는 호기심과 이상한 생각이 많을까 스스로 한심하다고 생각했습니다. 대화할 사람이 없다는 것이 얼마나 외롭고 힘든 삶인지요. 친구는 반드시 만들어야 합니다. 다만 일방적으로 의존하는 것은 상대방을 이용하는 것이지 대화상대로 여기는 것이 아닙니다. 대회에도 '기브 앤 테이크(give&take)' 원칙이 적용됩니다. 일방적으로 자기 이야기만 해서는 그 사람을 잃을 수 있습니다.

  또한 사람은 정신병을 막아주는 역할을 합니다. 살다보면 혼자서는 감당하기 힘든 일들을 만날 때가 있습니다. 이때 곁에 사람이라도 있는 사람은 우울증에 걸리거나 화병에 걸리지 않습니다. 그러나 어려운 문제를 혼자 해결하려고 애쓰는 사람은 우울증이나 망상, 불안에 빠지기 쉽습니다. 혼자 있다보니 생각하는 시간이 많아지는데 이 생각들이 별로 건강하지 못한 것이지요. 건강하지 못한 생각이란 자신에게 일어나는 일들을 부정적으로 해석해서 생깁니다. 따라서 마음이 건강하려면 이야기를 잘 들어주는 사람이 꼭 있어야 합니다. 정신과 의사나 상담가에게 돈을 주어가며 자기 이야기를 털어놓는 까닭도 바로 이런 이유, 즉 정신병을 예방하기 위해서입니다.

마지막으로, 인생을 잘 꾸려가기 위해서 나를 보아주는 사람이 필요합니다. 혼자서 무엇을 할 때는 제대로 하기가 쉽지 않습니다. 예컨대 혼자 식사를 할 때면 잘 차려 먹게 되지 않지요. 아무렇게나 대충 허기만 때웁니다. 혼자 살면 신경 쓸 사람 없어 편하긴 해도 푹 퍼진 생활을 하게 됩니다. 반면 누군가가 있을 때는 약간 긴장하고 자신의 모양새를 다듬게 됩니다. 그때가 사람이 가장 좋아 보일 때이지요.

교회에서도 가장 강조하는 것이 대인관계와 이웃사랑입니다. 사람들과 좋은 관계를 맺는 일은 필수적입니다. 사람은 다른 사람들의 애정과 인정을 받아야만 살 수 있는 존재입니다. 대인관계가 좋지 않아서 홀로 사는 경우는 면역기능이 떨어져 육체적 질병에도 쉽게 걸리지요.

 날라리 신부와 부자 콘테스트 1등 당선자처럼 사람에 투자하는 것이 가장 남는 장사입니다.

## 인기 있는 사람이 돼야 하는 이유

· · · · 세상을 따뜻하게 살기 위한 방법

개신교를 믿다가 천주교로 개종하는 사람들이 꽤 많습니다. 개종한 사람들 가운데 이렇게 말하는 경우가 종종 있지요.

"천주교는 돈 얘기 안 해서 좋고, 헌금 종류도 많지 않아 좋아요."

그런데 천주교가 좋다던 분들이 몇 달 지나지 않아 슬슬 안 보이기 시작합니다.

"왜 성당에 안 나오세요?"

"신부님 때문에 안 나갑니다."

"네?"

"성당이 돈 얘기는 안 해서 좋아요. 그런데 강론 때마다 신부님이 부자 되는 얘기는 안 해주고 노상 가난하게 살아라, 가난한 사람이 구원 받는다 그런 말만 하시잖아요. 지금 가난하게 사는 것도 지겨운데 매주 그런 소릴 들어야 하니……. 너무 지겨워서 이젠 안 갈랍니다."

가톨릭교회가 가난한 삶을 강조하는 것은 수도원의 영향 때문입니다. 중세 때는 마을 중심에 수도원이 있었고 마을은 수도원의 시간표대로 움직였습니다. 수도자처럼 살자는 것이 가톨릭 신자들의 모토였지요.

지금도 신부들이 돈 이야기를 하면 신자들은 무의식적으로 거부 반응을 보입니다. 신부들을 평가할 때도 얼마나 청빈하게 사느냐가 중요한 기준이 됩니다. 버스를 타고 다니면 훌륭한 신부, 새 차를 뽑으면 덜된 신부로 치부합니다. 가톨릭교회 신부가 사회적으로 존경 받는 위치에 있는 이유도 돈 이야기를 하지 않아서입니다.

하지만 천주교인들은 가난해야 한다는 말을 한 사람은 아무도 없습니다. 예전에는 하느님께서 우리가 가난하기를 원하셨다는 엉뚱한 가르침이 널리 퍼져서 진정한 신앙인이 되려면 가난뱅이가 되어야 하는 것처럼 생각했습니다. 그러나 하느님은 부모와 같은 분입니다. 자식이 돈 때문에 고생하고 불행해지기를 원하는 부모가 없듯이 하느님도 우리가 곤궁해지기를 원하지 않으십니다. 그러나 교회에서는 전통적으로 가난한 삶을 권장했습니다.

사실 가난하게 살라고 말하는 양반들은 그래도 먹고 살만큼 다 준비가 된 사람들입니다. 일상적으로 소비생활을 해야 하는 사람들은 돈벼락에 맞아 죽을 수 있을지언정 돈을 마다하지 않을 정도로 돈은 필요합니다. 그래서 기도할 때도 그런 취지의 기도가 많이 늘어났고, 교회에 다니지만 그런 방면에 용하다는 점치는 양반들을 찾는 이들도 적지 않습니다. 문제는 점쟁이는 돈을 버는데 점을 보는 사람들은 돈을 벌지 못한다는 점이지요.

돈은 생존과 관련된 참으로 중요한 것입니다. 돈이 있으면 먹고 싶은 것, 입고 싶은 것, 필요한 것을 모두 살 수 있습니다. 여행도 마음껏 할 수 있고요. 사랑하는 사람들에게 좋은 선물을 할 수 있고, 어려운 이웃들을 도울 수 있고, 가장 중요한 것은 미래가 두렵지 않다는 점입니다. 사실 돈에 쪼들리는 삶은 꼴이 영 아니올시다 입니다. 특히 우리나라는 돈이 없으면 사람대접을 못 받으니 더욱 돈이 더 절박해집니다. 물론 돈이 없으면 아무것도 할 수 없는 시대에 돈의 종이 되어서는 안 되겠지요. 하지만 돈을 아끼고 저축하려는 마음을 질책해서도 안 됩니다. 살아남기 위한 본능이기 때문입니다.

돈은 사랑의 표현이기도 합니다. 내가 상대방을 얼마나 사랑하는지는 내가 그 사람에게 얼마나 줄 수 있는가, 주고 돌려받지 않아도 아쉽지 않은가의 여부로 측정할 수 있습니다. 어떤 형제가 자신의 어려웠던 과거를 털어놓았습니다. 사업이 어려워져서 아주 친한 친구에게 돈을 빌렸는데, 형편이 어려워지자 더없이 친절하고 살갑던 그 친구의 부인이 안면을 바꾸고 험악한 빚쟁이가 되었답니다. 다행히 사업이 호전되어 빚을 다 갚았지만 절교를 하게 되었고 여전히 마음의 상처가 남아 괴롭다는 이야기였지요.

이처럼 우정이나 사랑이 얼마나 깊은지 현실적으로 알 수 있는 방법은 자본주의 사회에서는 돈입니다. 사랑이나 우정을 돈으로 따질 수 있느냐고 할 수도 있지만 천만의 말씀입니다. 돈 때문에 부모도 자식도 버리고, 돈 때문에 배우자를 버리는 사례가 얼마나 많은지 모릅니다.

누구도 불러주는 이 없는 것은 참으로 외롭고 우울한 일이지요. 그나마 주머니에 돈이라도 있다면 따뜻한 차 한 잔, 소주라도 한잔하며 위안 삼을 수 있으련만 무일푼 신세라면 마음은 더 추울 수밖에 없습니다. 세상을 살면서 덜 우울하고, 덜 춥게 살려면 우선 다른 사람들에게 필요한 존재가 되어야 합니다. 나름의 내공을 갖춰서 사람들이 나를 찾게 해야 합니다. 그런 내공이 없으면 돈을 가져야 합니다. 나는 할 줄 아는 것도, 가진 것도 없다고 징징거리면 사람들이 동정은커녕 지겨워합니다. 벌떡 일어나서 매일 동네 청소라도 하든지, 돈을 벌어야지요.

## 말 잘하는 사람이 좋은 사람

· · · 말이란 사람을 평가하는 중요한 기준

고속도로에서 운전자끼리 쌈박질이 났습니다. 싸움하는 두 운전자의 차창에는 이런 스티커가 붙어 있었습니다.

'나보다 빨리 가는 놈은 미친놈, 나보다 느린 놈은 병신.'

한편 길을 막다시피 느릿느릿 가는 어떤 트럭의 뒤에 오는 차량들의 운전자들은 화를 내기는커녕 미소를 지었습니다. 느림보 트럭의 뒤에는 이런 스티커가 붙어 있었습니다.

'느려 터져서 죄송합니다. 저는 똥집이 무겁습니다.'

이처럼 돈 한 푼 안 들이고도 사람들을 즐겁게 만들 수도 있고, 속이 뒤집힐 정도로 화가 나게 만들 수 있는 것이 말입니다. '말 한 마디로 천 냥 빚을 갚는다'라는 우리 속담이 괜히 있는 게 아닙니다. 말의 힘은 실제로 막강합니다. 말을 잘 하는 사람은 막강한 힘을 갖고 있는 셈이지요. 반대로 말을 못하는 엄청난 손해를 보게 됩니다. 말이란 사람을 평가하는 중요한 기준이기 때문입니다. 말을 조리 있게 잘 하면 사람이 괜찮다, 똑똑하다는 평가를 받습니다. 반면, 말을 잘 못하면 못 배워서 그렇다고 무시당하기도 합니다.

 대화를 하다보면 '거참 말 되게 못 하네' 하는 생각이 절로 드는 사람을 만날 때가 있습니다. 말을 더듬는 사람이 아니라 미운 소리를 하는 경우입니다. 미운 소리란 듣는 사람을 기분 나쁘게 만드는 소리이지요. 본인은 할 말을 했다고 하는데, 듣는 사람이 그 말을 경청하기보다는 기분 나빠한다면 말을 잘못한 것입니다.

 어떤 영성가는 이렇게 조언했습니다.

"말은 접시에 음식을 담아 나르는 마음으로 해야 한다."

 실제로 미운 말을 하는 사람은 마치 음식을 아무렇게나 내놓는 종업원 같은 인상을 줍니다. 그만큼 말을 함부로 뱉습니다. 미운 말만 골라 하는 사람은 자신의 마음을 아무렇게나 다루는 사람이기도 합니다. 화부터 내는 사람은 자기 스스로를 그런 방식으로 다룬다는 것이지요. 따라서 다른 사람에게 말이 거칠게 나갈 때는 혹시 자학하고 있는 것은 아닌지 스스로의 내면을 보아야 합니다. 자기 성찰이란 스스로의 죄를 따지기보다 내가 나를 다루는 방식을 살펴본다는 의미가 더 현실적이지요.

반면 마음을 부드럽게 다루면 남에게 나가는 말도 부드럽게 마련입니다. 심리학의 대상관계이론에 나오는 내용입니다. 심리치료에서는 말을 치료의 중요한 요소로 봅니다. 말수가 많은 사람보다 말수가 적은 사람이 우울증에 걸릴 확률이 높기 때문이지요. 말이란 의사표현 수단인데, 말이 없는 사람은 자기감정을 표현하지 않고 안으로만 꿀꺽꿀꺽 삼켜버려서 화병을 키우지요. 화병이 전하는 메시지는 명백합니다.

"너는 입도 없냐? 말을 해라, 말을."

현대 신경의학은 뇌 속의 언어중추신경이 모든 신경계를 지배하고 있다는 사실을 발견했지요. 이는 정설로 받아들여지고 있습니다. 언어가 우리의 삶을 지배한다는 의미이지요.

의사소통을 위해 다른 사람들과 하는 대화 외에 간과할 수 없는 말이 바로 혼잣말입니다. 다른 사람 들으라고 하는 말이 아니기에 혼잣말을 할 때는 자기도 모르게 함부로 내뱉게 되지요. 하지만 혼잦말은 자기 예언의 기능이 있기 때문에 함부로 구시렁거리면 안 됩니다. "지금까지 해놓은 것 없이 나이만 먹었는데 이렇게 인생이 실패로 끝나는구나."

"나는 하는 일마다 왜 이렇게 재수가 없냐."

"이제 끝장났어."

정말로 하는 일마다 다 꼬여서 넘어지고 자빠지고 깨지고 끝장이 납니다.

"곧 좋아지겠지. 아무렴 끝까지 이렇게 힘들까."

"삼세 번이라는 말도 있잖아. 기회는 또 올 거야."

"이번 일은 성공하지 못했지만 좋은 경험이었어."

이렇게 자기 자신을 위로해주면 궁지에서 벗어날 기회가 금방 찾아옵니다.

심리치료에서도 대화뿐만이 아니라 내담자가 평소에 쓰는 혼잣말을 관찰하고, 그 내용을 긍정적인 것으로 바꾸는 훈련을 치료법으로 사용하는 데는 다 이유가 있습니다. 종교계에서는 현대에서 순교란 말을 제대로 하는 것이라는 정의를 내리기도 합니다.

그렇다면 그저 남 듣기 좋은 말, 예쁜 말만 골라서 하면 되는가. 그렇지는 않습니다. 솔직하지 않은 예쁜 말, 속마음과는 달리 내놓는 단지 상대방의 환심을 사기 위해 하는 예쁜 말은 상대방에게 혐오감을 안겨줄 가능성이 더 큽니다. 또한 마음에 없는 소리를 할 때는 아무리 예쁘게 포장해서 말을 내놓는다 해도 실언이 나올 가능성도 높습니다. 솔직하되 유머러스한 말, 필요한 메시지를 전달하되 유쾌하고 재치 있는 말이 가장 좋습니다.

스스로에게든, 다른 사람에게든 말 잘 하는 사람이 좋은 사람입니다.

이해인 수녀의 〈나를 키우는 말〉이라는 시를 곁에 두고 읽어보면 도움이 될 것입니다.

행복하다고 말하는 동안은
나도 정말 행복한 사람이 되어
마음에 맑은 샘이 흐르고
고맙다고 말하는 동안은
고마운 마음 새로이 솟아올라
내 마음도 더욱 순해지고
아름답다고 말하는 동안은
나도 잠시 아름다운 사람이 되어

마음 한 자락 환해지고

좋은 말이 나를 키우는 걸

나는 말하면서 다시 알지

_ 〈나를 키우는 말〉, 이해인(부분 수록)

# 자기 감정을
# 조절하지 못하면

· · · · 나쁜 결과를 초래하는 부정적인 감정

교통사고가 가장 잘 나는 때가 언제일까요?

　　1. 곗돈 타러 나갈 때

　　2. 애인 만나러 나갈 때

　　3. 선물 받으러 나갈 때

　　4. 기분 전환하러 나갈 때

답은 4번입니다. 마크 W.베이커(Mark W. Baker)라는 심리학자가 말하기를, 우연하게 사고가 나는 경우는 극히 드물며, 사고는 기분 전환하러 나갈 때 일어난다고 했습니다. 기분을 전환하기 위해 나간다는 것은 이미 기분이 좋지 않은 상태에 있다는 뜻입니다. 자신의 마음을 불편하게 한 대상에 눈이 고정되어, 주변 상황들을 돌아볼 여지가 없어 사고를 내게 되는 것이지요.

몇 년 전, 자매가 운전하는 차를 타고 지방에 다녀오는 길이었습니다. 그런데 이 자매, 남편 이야기를 하다가 점점 화를 내며 흥분을 하는 것입니다. 운전 속도도 덩달아 빨라졌습니다. 보다 못해 말했습니다.

"천천히 가세요."

자매는 짜증 섞인 목소리로 대답했습니다.

"지금 천천히 가고 있잖아요."

그런데 저 앞에 차들이 비상등을 켜고 줄줄이 서 있는 모습이 보였습니다.

"차들이 안 가나 봐요. 천천히 가세요."

그래도 자매는 남편에 대한 불평을 계속하면서 여전히 차를 몰았습니다.

"어, 어, 어!"

급기야 앞에 서 있는 차를 들이받고 말았지요. 나중에 말하기를, 차가 보이지 않았다고 하더군요.

기분을 전환하러 나간 부부가 말다툼을 하다가 부인이 차 문을 열고 뛰쳐나가 목숨을 잃은 경우도 보았습니다. 제가 그 부인의 장례미사를 치루었지요. 그 뒤로는 누가 기분 전환하러 나가자고 하면 절대로 같이 안 나갑니다.

자신의 기분을 잘 조절한다는 것은 참으로 중요한 일입니다. 성공적인 인생을 살기 위해서는 더욱 필요한 일입니다. 아무리 재능이 있어도 자신의 감정을 조절하고, 통제하지 못하면 자신의 일을 잘하기 어렵습니다.

베드로 사도가 나이를 먹자, 하느님께서 그 후계자를 뽑으려고 후보자들을 불러 모으시고는 방 안에 모두 들어가서 기도하라고 이르셨습니다. 내로라하는 많은 사람들이 방에서 나름대로 면담 준비를 하는데, 그중에는 어찌된 일인지 백수도 한 사람 있었습니다. 어떻게 저런 녀석까지 왔는가 하면서 남들이 구박성 눈총을 주는데도 끄떡없었습니다.

그렇게 저녁이 되어 하느님이 방에 들어오셨습니다.

"쓸 만 한 놈은 하나도 없네."

못마땅한 눈으로 사람들을 둘러보고는 휑하니 나가시는 하느님의 뒷모습을 보고, 방 안의 사람들은 황당해하며 투덜거렸지요.

"뭐 이런 경우가 다 있지?"

밤새도록 횟술들을 마시고 아침을 맞았는데, 하느님이 또 들어오시더니 역시나 기분 나쁜 말씀을 하고 나가셨습니다. 분기탱천한 몇몇은 이런 대접을 받고는 못 산다고 방을 뛰쳐나갔습니다. 다음 날, 또 그 다음 날도 화가 난 사람들이 뛰쳐나가고 이제 남은 사람은 단 한 사람, 바로 백수였습니다. 하느님이 물으셨지요.

"넌 왜 안 나가냐? 기분도 안 나쁘냐?"

"제가 있던 곳보다 여기가 더 좋은걸요. 하느님이 기분 나쁜 말씀을 하시는 것쯤이야 '저 영감님이 그날이 되어 그런가보다' 하고 한 귀로 듣고 한 귀로 흘리면 그만이지요. 그동안 혼자 놀던 노하우가 쌓여서인지 이제는 누가 뭐라고 하든 제 기분 정도는 잘 조절할 줄 압니다."

"너야말로 베드로 사도의 후계자감이다."

백수는 바로 베드로 사도의 후계자로 임명되었습니다.


부정적인 감정은 결국 일을 그르치고 나쁜 결과를 초래합니다.

부정적인 감정은 건강한 부분까지 오염시키기도 합니다. 따라서 부정적인 기분이 들 때는 모든 수단을 동원해서 다른 건강한 감정이 오염되지 않도록 노력해야 합니다. 부정적인 생각들을 교정하는 훈련도 필요합니다. 물론 쉽지 않은 일입니다. 배운 것을 머릿속에 단단히 박아 습관적인 활동으로 만드는 데는 63일이 걸린다고 합니다. 하지만 긴 인생에서 두 달이란 긴 시간은 아닙니다. 잠깐의 투자로 평생을 가는 좋은 습관을 만들 수 있습니다. 그 습관이 성공적인 인생을 만듭니다.

# 뒷담화는 관계를 망치는 독

· · · · 칭찬만 하기에도 짧은 인생

예수님은 최후의 만찬을 하시고는 느닷없이 제자들의 발을 닦아주겠다고 하십니다.

왜 제자들의 발을 닦아주겠다고 하신 것일까요?

손도 있고 얼굴도 있고 등도 있는데 왜 하필이면 발일까요?

너무나 궁금한 제자 한 사람이 예수님께 물었답니다.

"왜 다른 지체들을 다 놓아두고 하필 발을 닦으십니까?"

그러자 예수님이 말씀하셨지요.

"이리 오라."

그 제자가 곁으로 오자 예수님은 느닷없이 그의 뒤통수를 때리셨습니다. 제자가 깜짝 놀라 항의성 질문을 했지요.

"왜 제 뒤통수를 때리십니까?"

예수님은 그의 귀에 대고 이렇게 말씀하시더랍니다.

"뒷다마 치지 말라고 발 닦아주는 거야."

다른 사람의 단점에 대해 뒷전에서 험담하는 것을 두고 속된 말로 '뒷다마를 깐다'고 하지요. '뒷담화'라고도 합니다. 여하튼 어떤 주간지에서 남녀 직장인 1,023명을 대상으로 조사한 결과, 직장인 5명 가운데 3명은 하루 30분 이상 뒷말을 하는 데 시간을 보낸다고 합니다. 바쁜 직장인들이 하루 30분이라니 별로 바쁘지 않은 사람들은 그 서너 배는 뒷말을 하며 살겠지요.

사람이 살다보면 욕구불만이 생기게 마련입니다. 그리고 그런 불만들은 대개가 인간관계 안에서 생깁니다. 그렇다고 해서 정면에서 상대방에게 말을 하기는 어렵고 말을 안 하자니 속이 부글거리고 해서 하게 되는 것이 뒷담화이지요. 말이란 분노, 불만 해소에 상당히 효과가 있기 때문에 이 뒷담화를 끊기가 어렵습니다. 뒷말은 다른 사람과 친밀감을 높이는 데도 효과가 있습니다. 별로 친하지 않은 사이인데도 불만 대상이 같은 경우 뒷말을 하면 금방 의기투합하게 되지요.

동물이라고 다르지 않습니다. 히말라야원숭이는 어떤 원숭이를 친구로 만들려고 할 때 그 옆을 지나가는 다른 원숭이를 이유 없이 공격한다고 합니다. 그때 친구로 점찍은 원숭이가 같이 공격해주면 아주 절친한 사이가 된다는 것이지요.

주부들이 남편에게 섭섭함을 느끼는 순번 1위가 다른 여자 험담에 동참해주지 않을 때입니다. 다른 사람을 깎아내릴 때 자신이 올라가는 듯한 느낌을 갖는 것도 뒷말을 끊기 어려운 이유입니다. 뒷말에는 짜릿함이 있고 중독성이 있습니다.

그런데 이렇게 좋은 뒷말을 왜 하지 말라고 하는 것일까요? 뒷담화가 주는 짜릿함은 일시적인 것이기 때문입니다. 기쁨은 잠시일 뿐, 남을 깎아내리는 자신이 비참하다는 느낌이 더 진하게 찾아옵니다. 시간이 지날수록 기분이 나빠집니다. 또 뒷담화를 들어주는 사람의 경우에도 처음에는 재미있지만 들을수록 영 개운치가 않습니다. 뒷말을 풀어대는 사람에게 경계심을 갖게 됩니다. 다른 곳에 가서 자기 얘기를 그런 식으로 할지 모른다는 의심이 들기 때문입니다.

예수님이 제자들의 발을 씻어주신 까닭은, 그만큼 제자들끼리 뒷말을 많이 했기 때문 아닐까요? 그런 모습을 보다 못해 이제 남의 발등 찍는 소리들 그만 하고, 남의 발을 씻겨주고 보듬어주는 삶을 살라는 의미에서 세족례를 하신 것 아닐까요?

뒷담화는 인간관계를 망치는 지름길입니다. 칭찬만 하기에도 짧은 인생입니다. 칭찬하고 삽시다.

# 잘 쉬는 사람이 사랑도 잘합니다

· · · · 사랑의 실천은 노동과도 같은 것

사랑이란 무엇일까요. 미국의 심리학자 로버트 스탠버그(Robert Sternberg)는 사랑을 여러 가지로 분류했습니다. 우선 길을 가다가 아주 예쁜 여자를 보고 첫눈에 뿅 갔습니다. 혹은 아주 잘생긴 총각을 보고 마음이 무너져 내렸습니다. 이런 이성 간의 사랑이 에로스입니다. 두 번째는 "우리 우정을 영원히 간직하자"라고 말하는, 친구 간의 사랑입니다. 이것이 깊어지면 동성애가 되기도 하지요. 세 번째는 유희적 사랑인 루두스입니다. 보통 루두스에 빠지면 이성은 마비가 되고 맙니다.

보좌신부 시절의 어느 날, 전화 한 통이 걸려왔습니다.

"저…… 여보세요? 성당이죠?"

"네 그렇습니다."

"성당에서 결혼하려면 어떻게 해야 하죠?"

"저희 신자신가요?"

"아니 신자는 아닌데 꼭 성당에서 결혼하고 싶어서요."

"꼭 그러서야 하는 이유라도?"

"아 그게…… 저희가 세상의 축복은 받지 못 할 관계라서요. 평범하게 결혼식은 할 수가 없어서…… 그러니까 결혼을 했거든요."

"결혼하셨다구요?"

"네. 각자 결혼은 이미 했는데 저희는 정말 너무나 사랑합니다. 그래서 신부님에게는 꼭 축복을 받고 싶어요."

지금 같으면 "지랄하고 자빠졌네. 끊어"라고 했을 텐데. 그때만 해도 욕을 못할 때라 그냥 다른 곳을 추천해드렸습니다.

"다른 데 알아보세요."

불륜이라고 하기도 하는 루두스는 대개 중년에 찾아오는 감정입니다.

네 번째는 마니아로 한 사람에게 정신없이 빠져드는 상태인데 심해지면 스토커 소리를 듣지요.

스토커도 종류가 다양합니다. 간이 큰 스토커들은 집 앞에서 죽치고 있습니다. 간이 작은 스토커들은 전화를 걸고서는 아무 말도 하지 않습니다. 목소리라도 들으려고요. 사제관에는 주로 간이 작은 스토커들이 전화를 합니다. 보좌신부 때는 마음이 착해서 노래도 불러주었는데, 지금은 고래고래 욕을 하고 끊습니다. 마음 약한 스토커들은 보좌신부 전화를 애용하시기 바랍니다. 저한테 하면 상처받고 우울증만 심해집니다.

명동성당 보좌신부 시절에는 다른 신부의 스토커에게서 상처를 받기도 했습니다.

"신부도 신부 나름이지"라는 한마디가 가슴에 박혀 한동안 빠지지 않았던 것이지요.

이렇게 신부들은 나이에 관계없이 1인 이상의 스토커가 따라 다닙니다. 추기경님도 예외가 아니시지요.

다섯 번째는 연애하다가 결혼할 즈음에 하는 현실적 사랑인 프레그마입니다. 이 사람과 결혼하면 경제적으로 잘 살까 못 살까, 사모님 대접을 받을까 못 받을까 따지면서 하는 사랑입니다.

마지막으로 신의 뜻에 따라서 사람들에게 사랑을 베푸는 아가페가 있습니다. 일반적으로 알고 있는 아가페의 개념은 너무 수준이 높아서 사람으로서는 도저히 따를 수가 없습니다. 그럼에도 불구하고 스스로에게 그 수준을 요구하고 죄책감에 시달리는 경우가 비일비재합니다. 따라서 아가페적인 사랑을 실천하려면 몇 가지 수칙을 지켜야 합니다.

첫째, 모든 사람이 내가 주는 사랑을 반기는 것은 아니라는 점을 기억해야 합니다. 가끔 나는 마음을 다해서 사랑을 주려고 하는데 상대방이 받아들이지 않는다고 속상해하는 경우를 봅니다. 이때는 사랑을 받는 쪽보다 주는 쪽에 문제가 있는 경우가 많지요. 상대방이 원하지도 않는데 주려는 것은 아가페가 아니라 상대방의 관심을 끌려는 의존적인 태도일 뿐입니다.

둘째, 사랑을 베푸는 데 꼭 감정이 꼭 일어나야 하는 것은 아니라는 점을 기억하셔야 합니다. 가끔 사랑을 베풀려고 하는데 마음속에서 사랑하는 감정이 일어나지 않는다고 고민하고 자책하는 경우가 있습니다. 사실 사랑하는 감정이 일어나지 않으면 참으로 난감합니다. 하지만 사랑이란 단순한 감정이 아니라 상대에 대한 깊은 이해입니다. 상대방이 가진 문제를 이해하고 요구를 들어주는 것이 사랑입니다. 키우는 강아지가 병이 들어 괴로워할 때 그저 울어주는 것이 진정한 사랑일까요. 책을 찾아보거나 병원에 데려가 병을 치료해주는 것이 진정한 사랑일까요. 자기 감정에 겨워서 징징거리는 것은 사랑이 아니라 나르시시즘입니다.

감정이 따르지 않는 사랑은 가식적인 것이 아니라 숭고한 희생입니다. 감정이 따라주면 더 좋겠지만 사실 감정에는 기만적인 요소가 많기 때문에 그다지 중요시하지 않아도 됩니다.

세 번째, 아가페적인 사랑은 힘의 소모가 많습니다. 그래서 아가페적인 사랑을 실천하는 사람들은 쉽게 지칩니다.

몇 해 전, 어떤 분이 상담을 청해왔습니다. 자신이 갈 곳 없는 노인들을 모시고 사는데 처음에는 정성을 다해서 모셨지만 갈수록 짜증이 나서 마음이 괴롭다는 이야기였습니다.

"고해성사를 봐도 마음이 편치 않고……. 정말 어떻게 해야 할지 모르겠어요."

"3년 동안 휴가는 몇 번이나 가셨나요?"

"휴가요? 한 번도 안 갔는데요."

"지쳐서 그러신 거네요. 당장 휴식부터 취하세요."

사랑을 실천하는 삶이 아니라 미련 곰퉁이 같은 삶을 산 경우입니다. 중노동을 하면서 마음이 즐거울 리가 없지요.

간병을 하다보면 차라리 병자가 죽었으면 좋겠다는 생각이 들어서 죄책감을 느낀다는 경우도 마찬가지입니다. 간병하는 일은 지치게 마련입니다. 환자가 죽기를 바라는 마음조차 나쁜 사람이어서가 아니라 지쳤기 때문에 생기는 것이므로 그럴 때에는 자책할 게 아니라 쉬도록 해야 합니다.

  사랑의 실천은 노동과도 같은 것입니다. 쉬지 않고 계속하다가는 지치게 마련이고, 자칫 병이 날 수도 있습니다. 세상 모든 일이 그렇듯이 사랑 역시 모자람도 지나침도 없어야 합니다.

## 솔직하게 자신을 드러내는 것이 진짜 겸손

· · · 겸손이란 자기 자신을 그대로 드러내는 것

어떤 콧대 높은 처녀가 있었습니다. 어느 날 길을 가는데 뒤에서 누가 자꾸 부르는 것이었습니다.

"같이 가, 처녀. 같이 가, 처녀."

그래 처녀가 돌아보니 웬 생선 장수가 주제넘게 자신을 부르고 있는 것입니다. 처녀가 앙칼지게 말했습니다.

"아저씨, 왜 자꾸 같이 가자는 거예요?"

생선장수 아저씨가 뜨악한 얼굴로 말했습니다.

"난 갈치가 천 원이라고 말한 것뿐인데······."

무안해진 처녀가 아무 버스나 올라탔습니다. 그런데 차가 가지 않는 것입니다. 화가 난 처녀 또 앙칼지게 말했지요.

"이 똥차 언제 가는 거예요?"

버스 기사가 슬그머니 돌아보며 대답했습니다.

"똥이 다 차야 갑니다."

콧대 높은 처녀가 한 순간에 '똥'이 되었다는 이야기입니다. 사람은 다 제 잘난 맛에 삽니다. 이것을 자기애라고 하는데, 이 자기애가 지나치면 콧대 높은 처녀처럼 역효과가 납니다. 그래서 지나친 자기애를 절제하는 겸손이 필요한 것이지요. 그러나 지나친 겸손, 혹은 겸손을 가장한 자기 비하는 또 다른 문제가 됩니다.

하느님께서 연로하셔서 보필할 궁녀들을 뽑기로 하셨습니다. 잘난 척하는 사람들한테 하도 데어서 선발 기준으로 삼은 것은 오로지 겸손이었습니다. 베드로 사도는 천당 각지에서 겸손한 여인들을 불러 모으기 시작했고, 마침내 무던이, 사양이, 겸양이 세 사람이 뽑혔습니다.

세 궁녀가 하느님을 보필한 지 어느덧 일 년, 하느님은 그만 정신병원에 입원하게 되었습니다. 병명은 화병이었습니다. 열두 제자가 걱정이 되어 여쭈었습니다.

"왜 화병에 걸리셨는지요?"

하느님께서는 저만치 서 있는 세 궁녀들을 손가락으로 가리키셨습니다.

"내가 저것들 때문에 이렇게 되었느니라."

"아니 왜요?"

"무던이는 음식이든 일이든 잘 하는 게 하나도 없어. 그런데도 잘못을 지적하면 달라지려는 노력은 않고, 입이 댓발은 나와가지고 '내가 무던하니까 참지' 하며 심통을 부려."

"사양이는요?"

"사양이는 어디 좀 가자고 하면 끝까지 사양하지. 그래서 무던이와 겸양이 둘만 데리고 갔다 오면 자기만 미워한다면서 동네방네 내 욕을 하고 다녀."

"그럼 겸양이는요?"

"말도 마. 뭘 시키면 최선을 다하겠습니다 하는 게 아니라 '저는 못 하옵니다. 안 하옵니다. 되었사옵니다' 하고 겸손한 척 내숭을 떨어서 아주 속이 뒤집어져."

겸손이란 자기를 낮추는 것도 무조건 사양하는 것도 아닌 자기 자신을 있는 그대로 드러내는 것입니다. 밥상을 차려놓고 "열심히 만들었으니 맛있게 드세요"라고 말하는 것이 겸손입니다. 맛은 밥을 먹는 사람 입맛의 문제이고, '나는 최선을 다했어. 부족하지만 그래도 괜찮아' 하는 것이 겸손입니다. 이런 사람들은 다른 사람을 피곤하게 하지 않습니다.

그러나 "차린 게 없습니다. 음식이 변변치 않습니다. 죄송합니다"를 연발하다가 손님이 끼적거리며 먹는 것을 보고 '나는 왜 이렇게 음식을 못 만들까? 저 사람은 이제 나를 싫어 할 거야' 하면서 눈물을 질질 짠다면 그것은 겸손이 아니라 병적인 콤플렉스입니다. 또 그런 마음은 은연중에 드러나 상대방을 불편하게 만듭니다.

정말 겸손한 사람은 다른 사람에게 편안한 느낌을 줍니다. 그래서 호감을 얻지요. 겸손한 척하는 사람은 비호감의 대상입니다. 하느님께서도 멀리하고 싶어 하십니다. 다른 사람의 호감을 얻지 않고 인생에서 성공하기란 불가능합니다. 행복하고 성공하는 인생을 위해서는 진짜 겸손해지는 연습을 해야 합니다.

# 같이 일하기 좋은 사람

··· 관계를 편하게 하는 정당한 요구

얼마 전 어떤 자매가 부탁을 하나 해왔습니다.

"신부님, 가게를 혼자 보면서 공부를 하러 다니다 보니 도저히 체력이 달려서 감당이 안 돼요. 가게에 사람을 쓰고 싶은데 좋은 사람 있으면 소개 좀 해주세요."

하지만 선뜻 누구를 소개하기가 어려웠습니다. 그동안의 경험에 의하면 사석에서는 그렇게 좋던 사람이 '일 관계'가 되면 온갖 꼴통스러운 행동을 해서 속상한 적이 한두 번이 아니었기 때문입니다. 그래서 본당신부들이 누군가에게 성당의 일을 시킬 때는 가능하면 잘 모르는 사람을 쓰는 것이지요.

　같이 일하고 싶은 사람이 되는 일은 참 중요합니다. 일은 행복한 인생의 중요한 부분이고, 즐겁게 일할 수 있다면 우리의 인생은 훨씬 살 만해집니다.

　옛날 어떤 수도원에 두 노인 수사가 있었습니다. 한 사람의 이름은 '괜차니우스', 다른 사람은 '모줄래우스'였지요. 괜차니우스는 "괜찮아"라는 말이 입에 붙은 사람이고, 모줄래우스는 "뭐 줄래?"가 입에 붙은 사람이었습니다.

　일례로, 수사들이 수도원 밖으로 놀러 나가면서 두 노인 수사에게 부탁합니다.

"나갔다 올 테니 집 좀 잘 봐주세요. 죄송해요."

　이때 "괜찮아"는 괜차니우스의 대답이고 "집 봐주면 뭐 줄래?"는 모줄래우스의 대답이지요. 그래서 모든 수사들이 괜차니우스를 훌륭하다고 칭송했습니다. 반면 모즐래우스는 선물만 밝히는 세속적인 사람이라고 빈정거렸습니다.

　더 나이가 들어 괜차니우스와 모줄래우스 모두 죽음을 맞았습니다. 세월이 흘러 후배 수사들도 죽어 천당을 가게 되었지요. 그들은 천당에 가면서 이구동성으로 말했습니다.

"천당에 가면 팬차니우스가 큰 인물이 되어 있을 거야. 모줄래우스는 아마 하느님께 잔뜩 미움을 받고 있겠지?"

그런데 막상 도착해 보니 모줄래우스가 천당 국무총리가 되어 있는 게 아니겠습니까? 반면 팬차니우스는 노숙자가 되어 집도 없이 떠돌고 있었습니다. 후배 수사들은 흥분한 나머지 하느님께 몰려갔습니다.

"아니, 주님, 어떻게 모줄래우스 같은 사람이 국무총리를 합니까? 훌륭한 팬차니우스는 노숙자가 되어 있는데 말이죠."

하느님이 대답하셨지요.

"모줄래우스는 일 부리기가 좋다. 지가 얻는 게 많으면 열심히 하고, 적다 싶으면 적게 일하니 내가 예측하기가 좋아서 스트레스를 안 받아. 근데 팬차니우스는 만날 '괜찮아요, 괜찮아요' 하면서 혼자 시름시름 앓고 사는데 도무지 속을 알 수가 있어야지. 그래서 같이 일하기가 짜증난다."

팬차니우스처럼 무엇을 얻고자 하는 자신의 본성을 죄악시하고 억압하면 심리적·신체적 부작용이 발생합니다. 그리고 다른 사람들에게 짜증과 피로감을 줍니다. 그러나 모줄래우스 같은 사람은 자신을 있는 그대로 인정하고, 그렇기 때문에 개선의 여지도 높습니다. 이런 사람들은 인생을 즐길 줄 압니다. 실수도 좋은 경험이라 생각하고 툭툭 털고 일어나고, 다른 사람의 조언도 쓴 약 먹는 셈 치고 받아들일 줄 압니다. 같이 일하기 좋은 사람이지요.

  같이 일하고 싶어 하는 사람이 많은 사람은 행복합니다.

# 선물 주고 싶은 사람 되는 법

··· 패배자 만드는 패배의식 버리기

성탄절을 앞두고 한 주임신부가 초등학교 아이들에게 물었습니다.

"성탄절, 하면 무엇이 제일 먼저 생각나니?"

아이들은 입을 모아 대답했습니다.

"선물이요!"

성탄절, 하면 메시아(인류를 구원해 줄 구세주)가 떠올라야지 웬 선물? 천진한 아이들 때문에 애꿎은 보좌신부만 야단을 맞았다는 이야기입니다. 사실 아이뿐만 아니라 어른이라도 성탄절에 메시아를 생각하는 사람은 거의 없습니다. 대부분 무슨 선물을 받게 될까를 생각하지요.

  선물을 주는데 싫어하는 사람은 없습니다. 사람은 누구나 다른 사람으로부터 선물을 받고 싶어 합니다. 그런데 아무리 선물을 받고 싶어도 다른 사람들이 내게 선물을 줄 마음이 없다면 아무 소용없는 일이지요. 따라서 중요한 것은 다른 사람이 내게 선물을 주고 싶게 하려면 어떻게 살아야 하는 가입니다.

  동방박사들(베들레헴의 별을 보고 아기예수를 찾아 나선 사람들. 당시 학자들이었다고 하며 아기예수께 황금 유향 몰약을 바쳤다고 함)처럼 일면식도 없는 아기 예수께 선물을 드리려고 목숨을 걸고 여행길을 떠날 정도는 아니더라도, 다른 사람에게서 "선물을 드리고 싶습니다" 하는 정도의 말을 들으려면 어떻게 살아야 할까요? 이 물음에 대한 답은 역으로 생각해보면 나옵니다. 내가 선물을 주고 싶지 않은 사람은 어떤 사람인지 생각해보면 됩니다. 어떤 사람일까요?

    1. 돈 못 버는 사람

    2. 못생긴 사람

    3. 키 작은 사람

    4. 배 나온 사람

### 5. 패배의식 강한 사람

　답은 5번입니다. 심리학자들의 연구 결과에 의하면, 사람들이 가장 싫어하고 혐오감을 갖는 사람은 패배의식이 강한 사람입니다.
　어느 일간지에서 성인 남녀들을 대상으로 학창 시절로 돌아간다면 어떤 일을 제일 하고 싶은지 설문조사를 했습니다. 66.9퍼센트의 사람들이 '공부'라고 답했습니다. 그렇다면 66.9퍼센트의 사람들 가운데 몇 퍼센트의 사람들이 공부를 하고 있을까요? 대부분 안 합니다.
　"공부에는 때가 있다"는 둥 "공부는 젊어서 총기 있을 때 하는 것"이라는 둥 "나는 이미 때를 놓쳤다"는 둥 변명은 많습니다. 나이 어린 사람에게는 충고랍시고 말합니다.
　"너는 나처럼 살지 마."
　얼핏 들으면 후배들을 아껴서 해주는 중요한 조언 같지만, 듣는 사람은 그렇게 생각하지 않습니다. 겉으로는 말하지 않아도 속으로는 생각합니다.
　'참 짜증나는 인생이네.'
　이렇듯 패배의식이 강한 사람은 하는 일이 없어서 힘을 쓰지 않아

골골거리면서도 눈칫밥 먹으며 오래 삽니다. 이렇게 살다가 돌아가신 분들의 집에는 문상객들도 찾아오지 않아서 초상집이 썰렁하기 이를 데 없지요. 패배의식이 강해서 남들을 짜증나게 하는 사람에게는 선물은커녕 국물도 없습니다.

  새로 시작하기에는 늦었다고 하는 사람들, 그래도 살날이 십 년 남았다고 가정할 때 두 가지 중 하나를 선택할 수 있습니다. 남들 짜증나게 만들며 십 년을 살다가 죽어서 "어 그 양반 잘 죽었네. 시원하다" 하는 소리를 들을 것인가, 아니면 새로운 삶을 선택해서 그 시간을 즐겁게 살며 사람들에게 선물도 받고 행복한 임종을 맞을 것인가는 각자의 선택에 달렸습니다.

  패배의식이 패배자를 만듭니다. 패배자가 되면 명절이 되어도 성탄절이 와도 찾아오는 사람, 배달되는 선물 하나 없이 썰렁한 방에서 시간을 죽이며 살아야 합니다. 반면 시간이 아까울 정도로 할 일이 많다면 인생의 승자입니다. 승자에게는 찾아오는 사람들도 많고 방에 쌓이는 선물도 많습니다. 이왕이면 고독이 아니라 선물 속에 파묻혀 죽어야지요.

    패배자는 젊어서도 늙은이처럼 생각하나

승자는 늙어서도 젊은이처럼 행동한다.

패자는 될 수 있는 일을 두고도 안 된다는 생각을 먼저 하고

승자는 안 되는 일을 두고도 될 수도 있다는 생각을 먼저 한다.

패자는 오를 수 있는 나무도 오르지 않지만

승자는 못 오를 나무일지라도 최선을 다해서 오르려고 한다.

패자는 꿈과 공상 속에서 살지만

승자는 행동으로 현실 안에서 산다.

패자는 시작이 요란하고 말로 행위를 변명하나

승자는 시작이 차분하며 말 대신 행위로 증명한다.

# 가끔 미움 받는 것도 이웃사랑

· · · 불가능한 목표, 모두에게 사랑받기

갓 서품을 받은 새내기 신부들이 주교님께 인사를 왔습니다. 주교님은 신부들에게 앞으로 어떤 각오로 살 것인가 물었습니다.

"저는 성인 신부가 될 겁니다."

"저는 신자들에게 모든 것을 다 내주는 신부가 될 겁니다."

새내기 신부들이 참으로 기특한 말들을 하는데 주교님의 표정은 그저 덤덤했습니다.

이제 마지막 신부가 말할 차례가 되었습니다. 늙수그레한 그 새 신부는 말했지요.

"저는 그냥 살던 대로 살랍니다."

주교님 옆에 서 있던 교수 신부들이 모두 눈살을 찌푸렸습니다. 하지만 주교님은 허허 웃기만 하셨지요. 새내기 신부들이 돌아가자 교수 신부들이 물었습니다.

"그 엉뚱한 신부한테 야단 좀 치시지 왜 그냥 두셨습니까?"

"나하고 내기 하나 하자. 오늘 인사 온 신부들 가운데 누가 십 년 후에 가장 잘 살고 있을지 나는 그 노털에게 걸겠다."

교수 신부들은 속으로 코웃음을 치면서 다른 신부들에게 돈을 걸었지요.

'주교님이 사람을 잘 못 보시는구먼.'

세월이 흘렀습니다. 주교님은 교수 신부들을 주교관으로 불러 모은 후 십 년 전의 그 새내기 신부들을 불러 오라 하셨습니다.

"이제 우리 내기가 어떻게 되었는지 보자."

제일 먼저 달려온 것은 노털 신부였습니다. 씩씩하게 주교관으로 들어오는데, 그 뒤로는 머리가 하얗게 센 신부들이 골골거리며 따라왔습니다.

"그동안 어떻게들 살았는가?"

"저희는 정말 최선을 다해 살아서 성인 신부 소리까지 들었습니다. 그런데 하루 종일 사람 만나고 일만 하다보니 너무 피곤해서 일을 줄였어요. 그랬더니 바로 욕을 먹기 시작했습니다. 욕먹기 싫어서 무리해서 일하고 나서 신자들 눈치 보다 이렇게 골병이 들었습니다."

"노털 신부, 자네는 어떻게 살았는가?"

"저는 그냥 살던 대로 살았습니다. 어느 본당이든 저를 좋아하는 사람이 있는가 하면 싫어하는 사람도 있더군요. 어쩔 수 없지 않습니까. 그냥 그러려니 하고 살았습니다."

"그래. 그게 정답이다."

이번에는 신부가 아니라 수녀 이야기입니다. 어떤 수녀가 환속을 했습니다. 수녀에게 많은 기대를 걸었던 신자들이 안타까운 마음에 물었지요.

"수녀님, 왜 환속을 하셨어요?"

"명색이 수도자로서 그동안 모든 사람한테 다 잘해주고 모든 사람한테 사랑받기 위해 노력했지요. 근데 너무 힘들어서 이제 그만할랍니다."

신자들 가운데도 이렇게 사는 경우가 많습니다. 누군가와 관계가 좋지 않아지면 자책하지요.

"주님이 원수도 사랑하라 하셨는데 난 주님의 뜻을 지키지 못하고 있어."

미운 사람을 사랑하지 못했노라고 고백성사를 보는 신자들도 많습니다. 이런 경우 필요한 조언은 이것입니다.

"모든 사람을 사랑하고 모든 사람에게 사랑받고 싶다는 생각을 버리십시오."

우리는 흔히 모든 사람들에게 사랑받아야 한다, 예쁜 짓을 많이 해야 한다고 배웁니다. 하지만 불가능한 목표입니다. 모든 사람에게 사랑받기 위해 모든 사람에게 잘하다 보면 지쳐 나가떨어지게 마련입니다. 남의 눈치 보고 비위 맞추는 것이 절대 쉬운 일이 아니지요. 게다가 모든 사람에게 다 잘한다고 해서 모든 사람으로부터 사랑받는 것은 아닙니다. 그러다 보면 오히려 누구에게도 사랑받지 못하는 수가 있습니다. 그리고 모든 사람에게 잘해주려고 하면 할수록 나를 좋아해주는 사람들과의 관계는 소원해지고, 엉뚱하게도 나를 싫어하는 사람들에게 잘 보이려고 노력하는 어리석은 삶을 살게 됩니다.

세상에는 나와 맞지 않는 사람들도 많음을 인정해야 합니다. 심리학 대인관계론에서는 아는 사람 가운데 30퍼센트가 나를 좋아하고, 45퍼센트가 보통으로 생각하며, 25퍼센트가 싫어한다면 그것만으로도 대인관계는 성공적이라고 말합니다.

성공적인 인간관계는 필수적인 요소이지만 그렇다고 모든 사람에게 사랑받아야 한다는 뜻은 아닙니다.

미국의 유명한 방송인 오프라 윈프리(Oprah Winfrey)가 이런 고백을 했습니다.

"내 인생에서 겪었던 고통 중 하나는 다른 사람들이 나를 어떻게 생각할까 걱정하는 것이었다."

누가 나를 싫어한다면 그냥 냅두세요. 그건 그 사람 마음입니다. 나를 싫어하는 사람이 나를 싫어하도록 내버려두는 것도 이웃사랑의 하나입니다.

# 함께할 때
## 행복해집니다
· · · · 배려는 결국 나를 위한 것

"어디 성당에 계세요?"

"가좌동 성당인데요."

"어, 그 동네 재개발하지 않나요?"

"그렇지요."

"아하, 신부님은 욕망의 중심부에 사시는군요. 힘드시겠어요."

"……?"

가좌동 성당 주변은 재개발로 인한 철거작업으로 마치 폭격을 당한 곳처럼 되어버렸습니다. 신자들은 불안해하고, 하나둘 이사를 떠나 미사에 참례하는 인원도 줄어들고 있습니다.

철거업체가 빈 집들을 불도저로 밀어서 무너뜨려버립니다. 용역들은 무너진 집의 유리창을 깨어 부수어서 여기 저기 뿌리고 돌아다닙니다. 빈 집에 불을 놓기도 하고 쓰레기들도 산더미처럼 쌓아 놓습니다. 이사 가지 않고 여전히 이곳에 사는 사람들의 마음을 심란하게 만들어 제 발로 나가도록 하려는 것이지요. 사는 곳이 쓰레기더미가 되면 살고 싶은 마음이 없어지게 마련입니다.

흩어진 유리조각이며, 불에 탄 집이며, 산더미 같은 쓰레기며 난장판이 된 동네에서 나는 열심히 청소를 합니다. 매일 아침 본당 주변을 깨끗이 비질하고 마당의 꽃도 정성 들여 가꿉니다. 깨끗한 곳, 잘 정돈된 곳, 아름다운 곳에는 힘이 있습니다. 청소를 하면서 청소도 투쟁이 될 수 있다는 사실을 깨달았습니다.

이제는 사제관 주변의 집들이 모두 헐려서 창밖을 내다보면 동네가 훤합니다. 매일 불도저가 웅웅거리는 소리가 귀에 거슬리기는 하지만 시야는 탁 트여서 아주 시원합니다. 낮에는 훤해도 밤이면 유령 마을처럼 을씨년스러워지지요. 어느 밤인가는 술에 취해 인적이라곤 없는 골목길을 올라오면서 하늘에 대고 고래고래 소리를 질렀습니다.

"왜 하필 접니까?"

대답은 없었습니다. 그래서 하늘에 대고 삿대질을 하며 다시 한 번 외쳤습니다.

"왜 하필 가좌동 성당입니까?"

하늘에 삿대질을 하고 고래고래 소리를 지르며 얼마나 그러고 서 있었을까요. 문득 언덕 위에 서 있는 사제관이 눈에 들어왔습니다. 사제관 주변의 집들이 거의 다 헐려서 아랫동네에서도 이제는 훤히 보이는 사제관. 공포영화에 나오는 것 같은 건물 몇 채가 나란히 서 있었습니다. 그중에 가운데 건물이 사제관인데, 불 꺼진 사제관은 마치 폐가처럼 보였습니다. 그날 이후로 매일 밤 사제관에 불을 켜둡니다. 바닷가의 등대처럼 밤길 가는 사람들에게 위로가 되라고 말이지요.

본당에도 불을 켜두기 시작했습니다. 그렇지 않아도 신자들이 새벽에 기도하러 올 때 무섭다고 해서 켜둘 참이었지요. 그랬더니 어느 신자가 이런 말을 하더군요.

"신부님, 요즘 동네 사람들이 성당이 고맙다고 합니다."

"왜요?"

"세든 사람들이 다들 이사를 가서 4층 집에 부부만 달랑 사는 세대가 있어요. 그 집 부부가 말하길 사방이 컴컴해서 너무 무서웠는데 성당에서 밤새도록 불을 켜두어, 그래도 사람 사는 동네 같다고 합니다."

이후로 전기요금 많이 나올 각오를 하고 더 열심히 불을 밝히고 있습니다. 성당을 보면서 무서움을 달랜 사람들이 언젠가는 주님을 찾아오기를 기대하면서 말이지요. 그런데 어느 새벽, 잠결에도 밖에서 성당의 철문을 흔드는 소리가 요란했습니다. 새벽 기도 오신 할머니인가 하고 빠끔히 내다보니 웬 아저씨가 술이 떡이 된 채 문을 잡고 흔들어대고 있었습니다.

'아니 저 자식이!' 하고 내려가려는데 그 아저씨가 하는 말에 발걸음이 멈춰졌습니다.

"아, 한동네 사람끼리 이러지 맙시다."

성당 마당에 서 있는 예수님 상을 보고 주정을 하는 것이었습니다. 그런데 그게 왜 기도하는 소리로 들리던지. 모르는 척, 그냥 잤습니다.

04

# 마음 벗기.
## 마음 쉬는 곳 만들기

기도란 하느님 안에서 내 영혼을 쉬게 하는 일입니다. 부모 품이 편하면 아기가 웃으며 잠드는 것처럼, 하느님이 편하면 기도 시간에 졸 수도 있지요. 어쩌면 기도 시간에 마음 놓고 자는 사람이야말로 정말로 하느님을 깊이 신뢰하는 사람인지도 모릅니다.

## 마음감옥에서 탈출하는 열쇠는 믿음뿐

· · · 거짓 권위에 속지 않는 법

　　　　　　옛날 옛적 어느 시골에 종교를 가진 사람이 하나도 없는 마을이 있었습니다. 사람들이 고만고만하게 착해서 큰일 한 번 벌어진 적 없는 조용한 동네였습니다. 문제가 생기면 서로 모여서 의논하고 의논한 대로 조금씩조금씩 마을 분위기를 고쳐가는 곳이었지요. 그러던 어느 날 마을의 한 어른이 이런 의견을 냈습니다.

"우리끼리 이렇게 사는 것도 좋지만 마을 분위기가 왠지 촌스러워. 그러니 우리 마을을 업그레이드시켜줄 종교인을 초빙하는 게 어때?"

다들 좋은 생각이라고 동의했고 유대교의 랍비를 섭외해 데려왔습니다. 마을에 온 첫날, 랍비는 말했습니다.

"이제 이 마을 사람들은 하느님의 선택받은 민족이다. 이스라엘 민족과 같은 수준이라고 할 수 있지."

마을 사람들의 자긍심이 한껏 높아졌습니다. 그런데 일 년 후, 아낙네들이 살림이 어렵다고 촌장님에게 강력히 항의했습니다. 유대교에서는 회개의 시기가 되면 가족 모두 머리에 재를 뒤집어쓰고 옷을 찢는데 그 때문에 옷값, 물값을 대기가 버겁다는 것이었지요. 양들도 굶어죽겠다고 난리였습니다.

"너희는 왜 데모를 하는 거냐?"

"속죄하는 날이면 사람들이 우리한테 죄를 다 뒤집어씌우잖아요. 속죄양을 만들어서 마을 밖으로 쫓아내고, 먹을 것도 챙겨주지 않아 굶어죽게 생겼다고요."

촌장님은 이들의 항의를 받아들여 유대교 랍비를 해고하고 유명한 개신교 부흥사를 초빙했습니다. 그런데 이번에는 한 달이 지나지 않아 고3 엄마들이 데모를 했습니다.

"촌장님, 어떻게 좀 해주세요. 애들이 새벽에 공부를 해야 하는데 마을회관에 사람들이 모여서 날이 밝을 때까지 '주여, 주여' 하고

통성기도를 하는 바람에 시끄러워 죽겠어요. 애들 성적이 가을에 낙엽 떨어지듯 툭툭 떨어지고 있어요."

하는 수 없이 촌장님은 목사를 해고하고 이번에는 경건하기로 소문난 신부를 초빙했습니다. 신부가 오자 마을 전체가 경건해지고 조용해졌습니다. 고3 엄마들은 물론 자매님들도 양들까지도 모두 만족해했습니다.

그렇게 일 년이 무탈하게 지나갔습니다. 그런데 촌장님은 왠지 불안한 마음이 들기 시작했습니다. 마을 사람들 모두 조용히 집에 들어앉아 기도만 하고 책도 다른 책은 안 보고 성경책만 보면서 사는데, 왠지 다들 우울한 얼굴이었던 것입니다. 뭔 죄를 그리 많이 지었는지 기도할 때면 "내 탓이오 내 탓이오" 하며 멍이 들도록 자기 가슴을 두들기고, 마을 분위기가 영 침체되고 활력이 없었습니다.

촌장님은 동네 분위기를 확 띄우려고 이벤트를 열 결심을 했습니다. 큰 돈을 들여 밴드와 가수, 댄서들을 초대하기로 했지요. 그런데 마을 사람들이 우르르 몰려왔습니다.

"촌장님, 그런 거 하지 마세요. 신부님한테 혼나요. 그런 거 다 대죄(大罪)래요."

촌장님은 기가 막혔습니다. 이제는 사람들이 촌장님의 말을 듣지 않고 신부의 말만 들었습니다. 게다가 예전에는 마을 밖으로 잘 나가지 않던 사람들이 가끔씩 읍내에 나가서는 몇 시간씩 있다가 돌아오는 것이었습니다. 이 현상을 이상하게 여긴 촌장님이 사람들을 몰래 따라가 보니 읍내에 있는 상담소에 가서 심리치료를 받고 있었습니다.

이거 큰일이다 싶어 촌장님은 교구청에 급히 서신을 보내 신부를 다시 데려가 달라고 청했습니다. 촌장님은 하루하루 답신만 기다렸습니다. 그러나 묵묵부답이었습니다. 신부 역시 자기는 이미 이곳 사람이라고 주장하면서 요지부동이었습니다.

고민에 고민을 거듭하던 촌장님, 어느 날 신부를 찾아갔습니다. "마을에 젊고 예쁜 새댁 하나가 얼마 전 남편을 잃었어요. 몹시 상심해 있으니 가서 위로 좀 해주세요."

촌장님은 신부를 젊은 과수댁의 집으로 안내했습니다. 그리고는 신부와 과수댁이 대화를 주고받는 사이에 몰래 방을 나와서 자물쇠로 잠가버렸습니다. 열쇠는 연못 속에 집어던지고 집으로 돌아와서 모른 체하고 그냥 두었지요. 결국 한 달 만에 신부가 환속해서 문제가 해결되었다는 부러운 이야기(?)가 전해 내려오고 있습니다.

종교는 높은 기준을 세워놓고 그 기준에 맞추어 살라고 강요하는 경향이 있습니다. 그러나 예수님도 안식일이 사람을 위하여 생긴 것이지 사람이 안식일을 위해 생긴 것이 아니라고, 종교보다는 사람이 먼저라는 취지의 말씀을 하셨지요. 젊은 시절에는 생뚱맞게만 들리던 말씀입니다.

  사춘기 시절, 수도원에 가기 위해 신앙 서적들을 많이 보았습니다. 그런 나를 보고 많은 이들이 수도원에 갈 사람이라고 대우해주는 바람에 우쭐해져서 학교 공부는 뒷전이었지요. 특히 세상일은 다 헛되니 학문이고 뭐고 다 내려놓고 오로지 기도만 하라는 중세의 한 수도자가 쓴 책이 제 삶의 중심에 자리를 잡았습니다. 문제는 그런 책들을 보면 마음이 편안해지고 하느님께 가까워지는 게 아니라, 나는 왜 매일 같은 죄를 반복해서 짓는가 하는 자책감만 더 드는 것이었습니다. 그런데 내게 영적 지도를 해준 분은 그렇게 해야 성인 수도자가 될 수 있다고 독려했지요.

  어느 종교든 병적인 콤플렉스를 가진 종교인들은 신자가 올바른 행동을 하는 것은 당연시하면서 작은 잘못에 대해서는 크게 죄악시하는 경향이 있습니다. 하지만 괘념할 필요 없습니다. 거짓 교사들은 자신의 콤플렉스를 숨기기 위해 하느님의 말씀으로 위장하고 살아가기 때문입니다. 하느님은 사람들을 마음감옥으로부터 해방

시키려고 하시는데 예나 지금이나 거짓 교사들은 사람들의 영혼을 마음 감옥 안에 가두려고 합니다. 진정한 권위는 사람들에게 자유로움을 줍니다. 그러니 잘못된 거짓 권위에 속으면 안 됩니다.

경건 콤플렉스가 심한 사람은 기도할 때 "웬 잠이야!" 하고 조는 사람을 타박합니다. 하지만 그때 기도만 하면 잠이 온다고 자책하지 말고 그냥 자면 됩니다. 누군가 그러면 안 된다고 하면 속으로 '뭔 김밥 옆구리 터지는 소리?' 하고 넘어가면 그만입니다. 기도란 하느님 안에서 내 영혼을 쉬게 하는 일입니다. 부모 품이 편하면 아기가 웃으며 잠드는 것처럼, 하느님이 편하면 기도 시간에 졸 수도 있지요. 어쩌면 기도 시간에 마음 놓고 자는 사람이야말로 정말로 하느님을 깊이 신뢰하는 사람인지도 모릅니다.

# 작은 목표만 세워도
# 인생은 즐거워집니다
···· 건강하게 살아가기 위해 꼭 필요한 일

최근 천당에 술집이 생겼다고 합니다. 매일 기도와 봉사가 이어지는 삶을 살다보니 천당 주민들이 사는 게 사는 것 같지 않다고 강력히 탄원을 하자 하느님께서 술집을 하나 차려주신 것이지요. 술집 이름은 '혼인 잔치의 기적(가나라는 작은 마을에서 예수그리스도가 물로 포도주를 만든 기적을 일으킴)'이 일어났던 곳의 지명을 따서 하느님께서 친히 지으신 '가나 주점'. 그 후 어찌나 장사가 잘 되는지 그 옆에 '마나 주점'을 비롯해 '마시자 주점' 등 비슷한 술집들이 하나둘 늘어나기 시작했습니다. 그러다 보니 문제가 하나 생겼습니다. 술 취한 주민들이 오줌을 아무 데나 누어 천당 화장실들이 늘 질퍽하고 악취가 진동하는 것입니다.

급기야 하느님께서 대책위원회를 소집해 방안을 검토하도록 명하셨습니다. 첫 번째로 채택된 방안은 야고보(Jakobus, 12사도의 한 사람) 사도의 의견으로, 불 같은 성질의 그답게 화장실에 전기 장치를 부착해서 변기 밖으로 오줌을 누는 사람들은 전기충격을 받게 하자는 것이었습니다. 이 방안은 얼마간은 효과가 있었습니다. 하지만 용변을 화장실이 아니라 바깥에서 보는 심각한 부작용이 생겼습니다. 이제는 화장실이 아니라 동네 골목이며 담벼락에서 악취가 진동했습니다. 사도들은 큰 고민에 빠졌습니다. 술집을 폐쇄할 수도 없고 금주령을 내릴 수도 없었습니다. 천당 주민들이 못살겠다고 들고 일어날 게 뻔했습니다. 그때 사도 요한(예수그리스도가 공생활을 하는 도중 선발한 12제자 중 한 사람)이 나섰습니다.

"제가 반드시 해결하겠습니다. 화장실은 다시 깨끗해질 겁니다."

과연 요한 사도의 말대로 화장실들이 아주 깨끗해졌습니다. 사도들은 깜짝 놀라 사도 요한에게 비법을 물었습니다. 사도 요한은 빙그레 웃으며 사도들을 화장실로 데려갔지요. 하지만 화장실에는 아무 장치도 없었습니다. 가위 그림을 그려 넣은 경고문 한 장도 붙어 있지 않았습니다.

"아무것도 없는데요?"

사도들이 묻자 사도 요한이 변기 안을 손가락으로 가리키며 말했습니다.

"저기를 보세요. 눈을 똑바로 뜨고 있는 파리 그림입니다."

"저게 뭐요?"

"취한 사람들 눈에 저 파리는 살아있는 것처럼 보이지요. 파리를 맞추려고 오줌을 똑바로 누게 되는 겁니다."

이에 다른 사도들은 고개를 무릎을 치며 고개를 끄덕였습니다.

목표가 생기면 옆길로 새지 않고 하나의 방향에 정조준을 하게 됩니다. 그래서 우선 나는 누구인가, 나는 왜 사는가를 명확히 해둘 필요가 있습니다. 다른 사람들이 가니까 나도 간다는 식으로 삶을 살면 나중에 후회할 일을 만들게 되지요.

삶의 목표가 정해지고 난 다음에는 비록 실패한다고 해도 절망하지 않고 삶의 한 과정으로 받아들이는 여유를 가질 수 있습니다. 어차피 자기가 가는 길의 고수가 되려면 실패라는 시행착오를 겪지 않으면 안 됩니다. 또한 목표가 있으면 시간과 돈과 노력을 허투루 쓰지 않습니다. 인생을 낭비하지 않습니다. 시간을 쪼개어 자신이 가진 자원을 목표를 위해 투자하고 그 과정을 즐깁니다. 1분이 얼마나 소중한 시간인지 압니다. 어떤 잡지에 이런 글이 실렸습니다.

> 1분이란 순식간이다.
> 그러나 1분 동안 캥거루는 800미터나 뛸 수 있고,
> 어른 코끼리는 0.5킬로그램의 똥을 싸며,
> 지구에는 1분 동안 8억 톤이 넘는 비가 내린다.
> 사람은 1분 동안 15회 숨을 쉰다.

이밖에도 고스톱 판에서 1분이면 '쓰리 고' 한 번으로 피박에 광박까지 다 씌울 수 있습니다. 1분 동안 할 수 있는 일은 너무나 많습니다.

반면 인생의 목표가 없으면 자신이 가진 자원을 어디에 쓸지 몰라 낭비하고, 현재의 실패에 연연해하며, 짜증나고 무기력한 삶을 삽니다. 만약 목표가 있어도 삶이 신나지 않는다면 목표가 자신의 욕구를 불러일으키지 않는 것, 즉 진정으로 원하는 것이 아니기 쉽습니다. 남들에게 보이기 위한 자기 포장용 목표일 가능성이 높지요.

사는 게 쉽다고 말하는 사람은 거의 없습니다. 다들 힘들다고 말

하지요. 경제적으로 어려울 수도 있고, 건강상의 문제나 가족 문제로 사는 것이 힘들 수도 있습니다. 일자리가 없어서 힘들고, 믿었던 사람한테 배신을 당해서 힘들고, 혼자라서 외로워 힘이 들기도 합니다. 힘들어하는 이유는 사람마다 다릅니다. 그리고 같은 사람이라도 힘든 이유는 매번 다릅니다. 그러나 살아가는 목표가 있을 때와 없을 때 그 힘듦의 정도는 매우 다릅니다. 왜 살아야 하는지, 무엇을 위해서 살아야 하는지 목표가 분명하면 힘들어도 지치지는 않습니다. 목표를 달성하기 위해서 힘든 것이기 때문입니다.

그러나 삶의 목표가 없으면 아무것도 하지 않고 그냥 있어도 힘듭니다. 아무것도 하지 않고 있는 자체가 에너지 소모가 많은 '일'이지요. 권투 선수가 허공에 주먹질을 하는 것과 상대방을 정확하게 가격하는 것이 다른 것과 마찬가지입니다. 파리를 맞추려는 목표가 있으면 변기 바깥에 아무렇게나 오줌을 누는 게 더 쉽고 편해도 애써 정조준하게 됩니다.

인생의 목표를 갖는 것은 건강하게 살아가기 위하여 반드시 필요한 일입니다. 인생의 목표가 없는 사람들이 공통적으로 하는 말이 있습니다.

"내가 왜 사는지 모르겠다."

"차라리 빨리 죽었으면 좋겠다."

얼마나 삶이 고달프면 저럴까 하고 연민이 들 수도 있지만 실은 정말 자기밖에 모르는 사람들입니다. 그런 소리를 하는 사람보다 그런 소리를 들어야 하거나 그런 사람과 함께 사는 사람이 훨씬 더 힘들기 때문입니다. 자신이 왜 사는지, 무엇을 위해서 사는지 잘 모르겠다고 하는 사람들은 항상 술에 만취해 사는 사람과 다를 바 없습니다. 혼자 일어서려고 하지 않고 자꾸만 쓰러지려 노력해서 주위 사람들을 피곤하게 만들지요. 또 병에도 잘 걸립니다. 살기 힘들다, 죽겠다 하면서 자신의 마음과 몸을 함부로 다루어 결국 병원에서 생돈을 날립니다.

그러니 아주 작은 것이라도 무엇인가 의욕을 가지고 할 수 있는 일을 찾아야 합니다. 삶의 목표를 만들어야 합니다. 그래야 살고 싶은 의지가 생기고, 삶에 생기가 돌기 때문입니다. 결과적으로 다른 사람들에게 폐를 끼치지 않을 수 있습니다. 그래도 사는 게 짜증 나걸랑 병원에서 시한부로 하루하루 힘겹게 생명을 이어가고 있는 사람들과 목숨 바꿔달라고 기도하든가요.

# 결과보다 중요한 것은 즐거운 마음

· · · 갈하려는 마음을 버려야 하는 이유

인생의 목표는 반드시 필요하지만 단, 주의할 점이 있습니다. 강박적으로 집착해서는 안 된다는 것입니다. 목표에 대해 지나치게 심각한 태도를 가지면 성장하지 못하거나 성장한다 해도 후유증이 크게 남을 가능성이 높습니다. 이에 관한 슬픈 이야기가 하나 있습니다.

열두 제자가 세상 곳곳에서 일하다가 천당으로 돌아와 아주 오랜만에 하느님을 뵙게 되었습니다. 그런데 하느님 몰골이 영 아니올시다였습니다. 옷은 추레하고 집무실은 지저분하기 이를 데 없었습니다.

"아니, 왜 이렇게 되셨습니까? 일하는 자매는 어디 가셨어요?"

하느님은 그동안 있었던 슬픈 이야기를 들려주셨습니다.

오랫동안 하느님의 수발을 들던 자매가 개인 사정으로 일을 그만두게 되었습니다. 하느님은 구인광고를 내고 새로 사람을 뽑았습니다. 이름은 잘순이, 잘하려고 노력하는 성실한 자매였습니다. 잘순이 자매의 문제는 출근 첫날부터 드러나기 시작했습니다. 하느님께 식탁 의자를 빼드린다는 게 너무 뒤로 빼서 하느님이 엉덩방아를 찧게 하고, 커피를 갖다드리다가 바지에 쏟아버리고, 집무실을 청소하다가 귀한 물건을 깨뜨리고, 실수가 끊이지 않았습니다. 보다 못한 하느님이 한마디 하셨지요.

"그냥 냅 둬."

"저는 잘하려고 하는데 왜 더 잘 안 되는지 모르겠어요. 흑흑."

잘순이 자매가 어찌나 대성통곡을 하는지, 주위 사람들이 저 자매와 하느님이 무슨 관계인가 하고 쑥덕거렸습니다.

하느님은 잘순이 자매 때문에 우울증에 걸릴 지경이었습니다. 그래서 상담가를 찾아가 하소연을 했지요. 상담가는 하느님이 아니라 잘순이 자매가 상담을 받아야 한다고 조언했고, 하느님은 상담가에게 잘순이 자매를 보냈습니다. 그런데 어찌된 일인지 이젠 손가락 하나 까딱하지 않는 것이었습니다. 하느님은 다시 상담가를 찾아갔습니다.

"대체 무슨 치료를 했길래 손가락 까딱 안 하는 겁니까?"

"아, 그 자매가 '잘 강박증' 그러니까 '목적성 수전증(어떤 일을 너무 잘하려고 할 때 오히려 긴장이 되어 손이 떨리는 증상)' 환자라서요. 일을 너무 잘하려고 집착해서 오히려 일이 안 되는 병입니다. 그래서 '배 째라 요법'을 처치했지요."

과연 잘순이 자매는 배 째라 식으로 아무 일도 하지 않으면서 월급은 꼬박꼬박 받아갔습니다. 그래서 하느님은 일하는 자매가 있는데도 불구하고 손수 밥 짓고 빨래하고 청소하는 신세가 되었습니다.

신자들 가운데도 잘순이 자매 같은 경우가 적지 않습니다. 이제부터 열심히 기도해야지 하고 결심하는 순간 마음이 불편해집니다. 기도를 통해 마음의 평화를 얻어야 할 텐데 오히려 그 반대가 되는 것은 자신을 변화시키고자 하는 목표에 지나치게 집착하기 때문입니다. 잘순이 자매가 앓은 목적성 수전증은 아주 흔합니다. 잘하려는 생각 없이 하면 손 안 떨고 잘할 일을, 잘하려는 노력이

지나쳐 손이 떨리는 이 현상에 관련해서 '시어머니 송'이라는 노래도 있습니다.

> 시어머니 줄라꼬 줄라꼬 호박을 삶았는데
> 우야꼬 잘못 삶아 요강 단지를 삶았네
> 시어머니 줄라꼬 줄라꼬 라면을 삶았는데
> 우야꼬 잘못 삶아 기저귀줄을 삶았네

심리적인 균형을 잃어서 나타나는 목적성 수전증에 시달리는 사람들은 대개 어린 시절 야단을 많이 맞고 자란 경우, "넌 왜 하는 게 그 모양이니?" 하는 소리를 많이 듣고 자란 경우입니다. 대개 장남, 장녀 들에게 나타나고, 교육 수준이 높고 부모가 엄할수록 더합니다. 마음속에 실수라도 하면 어떡하나 하는 불안감이 크게 자리 잡고 있으며, 남들이 욕하지나 않을까 하는 민감한 마음을 가지고 있어서 주위 사람들로부터 소심하다는 말을 많이 듣는 경우입니다. 다른 사람들 보기에만 답답한 것이 아니라 본인도 그렇게 사는 자기 자신을 답답해합니다.

이때 역설적 치료법이 유용합니다. 즉, 잘하려는 마음을 버려야 합니다. 떨릴 때는 밥을 많이 먹어서 배를 든든히 하고, 큰소리로 당당하게 말하고, 잘하려 노력하지 말고 차라리 실수하려고 해야 합니다. 또 자신의 결점을 숨기려 하지 말고 털어놓아야 합니다. 이렇게 해야 쪼그라든 삶을 살지 않고 다리 뻗고 사는 삶을 살 수가 있습니다.

'잘'이라는 말은 너무나 자주 사용되고 있습니다. 자녀가 취직을 해도 '잘' 해야 한다. 딸이 시집을 가도 '잘' 살아야 한다. 같이 무슨 일을 할 때도 우리 '잘' 해보자. 목표를 이루기 위해 최선을 다하는 태도는 바람직하지만 너무 잘하려고 하다가 마음과 육신의 병을 얻을 수도 있음을 생각해야 합니다. 그래서 잘하려고 해도 잘 되지 않을 때는 '잘 못해도 괜찮아', '배째' 하면서 자신을 다독거릴 필요가 있습니다. 이처럼 차선이 최선이 될 수 있음을 잊지 않는다면 긴장을 풀고 좋은 결실을 얻을 수 있습니다. 목표 달성보다 중요한 것이 즐거운 마음으로 목표를 향해 나아가는 과정입니다.

# 긍정적으로 살면 인생도 술술 잘 풀립니다
· · · · 긍정적인 말의 힘

어느 날 하느님께서 머리가 벗겨진 사람들을 천당에 특별 초청한다고 공지하셨습니다.

"사는 게 얼마나 고되면 머리가 다 빠졌겠냐. 위로 차원에서 후하게 대접해."

의외로 머리가 빠진 사람이 많지 않아 두 사람이 천당에 초대되어 왔습니다. 한 사람은 그 이름이 낙천이, 다른 한 사람의 이름은 비관이였습니다. 하느님은 베드로 사도에게 두 사람을 잘 대접해 보내라고 이르셨고, 베드로 사도는 명을 잘 받들었습니다.

낙관이와 비관이가 돌아간 후 베드로 사도는 경과보고를 하러 하느님 집무실을 찾아갔습니다. 하지만 하느님은 베드로 사도를 알아보지 못하셨습니다. 풍성하던 머리카락이 어디로 출장 갔는지 한 올도 남아 있지 않았던 것입니다. 하느님은 깜짝 놀라 물으셨습니다.

"대체 무슨 일이냐?"

베드로 사도는 머리가 빠져버린 사정을 이야기했습니다.

낙천이와 비관이를 데리고 천당 관광을 시켜주는데 같이 다니는 내내 비관이는 툴툴대기만 했습니다.

"저는 세수할 면적이 넓어서 힘들어요. 머리가 없으니 겨울에 춥기도 하고요."

그 말을 들은 낙관이는 이렇게 말했지요.

"저는 빗질하는 시간을 절약할 수 있어서 좋던데요. 이발비도 안 들고 여름에는 시원하고요."

도중에 비가 내리자 비관이는 또 툴툴거렸습니다.

"에이 씨. 비가 오네. 다니기 힘들게."

낙관이는 이번에도 밝은 목소리로 말했습니다.

"비가 내리니 먼지가 다 씻겨 내려갈 거에요."

천당의 자랑인 꽃동산에 도착하자마자 낙관이는 환호성을 질렀습니다.

"와, 너무 아름다워요. 벌들이 날아다니는 걸 보니 꽃에 꿀도 많은가 봐요."

하지만 비관이는 벌컥 화를 냈습니다.

"누굴 죽이려고 저렇게 벌을 많이 키웁니까?"

이 말에 베드로 사도가 폭발했습니다. 비관이의 머리끄덩이를 잡고 냅다 패대기치려고 했는데 잡을 머리털이 없었습니다. 그래서 홧김에 자신의 머리카락을 잡아 뜯다보니 대머리가 되고 만 것입니다.

비관이 때문에 심리적으로 시달린 데다 과로까지 겹친 베드로 사도는 결국 몸져눕고 말았습니다. 그간의 사정을 익히 잘 알고 있는 하느님은 베드로 사도를 대신할 사람을 뽑는다는 구인광고를 내셨습니다. 구름같이 몰려온 지원자들 가운데 마지막으로 남은 사람은 네 명. 하느님이 최종 면접을 보시기로 했습니다. 네 사람이 하느님 집무실로 들어갔더니 바닥에 담요가 깔려 있었습니다.

"자, 화투다. 너희끼리 함 쳐봐."

다들 의아해했지만 하느님이 시키신 일이니 의미가 있을 거라고 생각했습니다.

'아, 화투를 잘 치는 사람이 머리가 좋을 거라고 생각하셔서 돈을 제일 많이 딴 사람을 뽑으시려나보다. 역시 하느님이셔.'

주어진 시간 동안 화투를 다 치자, 하느님이 최종 합격자를 발표하셨습니다. 결과는 예상밖이었습니다. 돈을 가장 많이 딴 사람이 아니라 돈을 가장 많이 잃은 사람이 뽑힌 것입니다.

"하느님, 선발 기준이 뭡니까?"

"돈을 제일 많이 딴 애는 돈을 많이 땄는데도 이러다 다 잃으면 어떡해 저떡해 안달복달해서 떨어뜨렸어. 하지만 내가 뽑은 사람은 돈을 제일 못 땄으면서도 잃을 때가 있으면 딸 때도 있겠거니 하면서 화투를 즐기더라고. 참 낙천적이야. 같이 일하기 좋겠어. 그래서 뽑았지."

긍정적인 사람은 누구에게나 호감을 얻습니다. 그래서 대인관계도 좋고, 본인의 인생도 잘 풀립니다. 실제로 운동선수들을 관찰한 결과, 부정적인 말을 달고 사는 선수들은 성적이 낮았고, 긍정적인 말이 입에 밴 선수들은 성적이 좋았습니다.

긍정적이 되기 어려울 만큼 힘들 때면 다음과 같은 글을 읽어보는 것도 도움이 됩니다.

십대의 자녀가 고가의 선물을 사달라고 억지를 부린다면

그건 아이가 가출 청소년이 아니라 집에 잘 있다는 뜻이고

내야 할 세금이 있다면 그건 내게 직장이 있다는 뜻이고

전에 입던 옷이 몸에 꽉 낀다면

그건 내가 잘 먹고 잘 살고 있다는 뜻이고.

겨우내 난방비가 너무 많이 나왔다면

그건 내가 겨우내 따뜻하게 살았다는 뜻이고

성당에서 뒷자리 아줌마가 성가를 엉망으로 불러 기분이 나쁘다면

그건 내가 아직 귀가 먹지 않았다는 뜻이고

온몸이 뻐근하고 피로하다면

그건 내가 열심히 일했다는 뜻이고

이른 새벽 시끄러운 자명종 소리에 깼다면

그건 내가 살아있다는 뜻이고

이메일이 너무 많이 쏟아진다면

그건 나를 생각하는 사람들이 그만큼 많다는 뜻이고

설거지통에 설거지가 잔뜩 쌓였다면

그건 내가 맛있는 음식을 많이 먹었거나

맛있는 음식을 함께 나눌 가족이 있다는 뜻이고

냄새가 심한 양말이 있다면

그건 활동이 왕성한 가족이 있다는 뜻이고

집 안 청소를 하기가 너무 싫고 힘들다면

내가 아직 노숙자가 아니라는 뜻이다.

밤새 부부싸움을 피 터지게 했다면

그건 부부 모두 아직 싱싱하고 건강하다는 뜻이다.


한 신도분이 추천해주셨던 글인데 읽으면 읽을수록 "크크크" 하면서 웃음이 나오고, 고개가 끄덕여지는 명문장입니다. 잘 오려서 벽에 붙여 놓고 짜증날 때마다 읽어보시기 바랍니다.

# '좋아질 거야, 괜찮아지겠지' 효과

· · · 살기 위해 먹어야 하는 밥, 희망

어느 본당 두 군데에서 신자들이 하느님께 기도를 올렸습니다. 한 곳에서는 신부님을 떠나지 못하게 해달라고 기도했고, 다른 한 곳에서는 제발 떠나게 해달라고 기도했지요. 기도를 들은 하느님이 두 본당의 신부들을 부르셨습니다.

"그동안 어떻게 지냈는고?"

"신부 생활이 힘은 들지만 적성에 맞고 재미있습니다."

그러나 다른 신부는 뭐는 이래서 싫고 뭐는 저래서 싫고, 신부 생활이 너무나 힘들고 싫다고 투덜거렸습니다. 하느님은 그 신부에게 말씀하셨지요.

"그렇게 힘들면 옷 벗고 나가."

"지금 나가서 어떻게 취직을 해요."

"그럼 열심히 신부 생활을 해."

"힘들고 짜증나고 지루해서 못 해먹겠어요."

"그래? 그럼 한잔해."

하느님께서는 그 신부가 좋아하는 소주를 권하셨습니다. 그런데 한 병, 두 병, 세 병……. 처음에는 좋아하며 술렁술렁 술을 받아 마시던 신부가 혀가 꼬부라진 소리로 물었습니다.

"아니, 술은 왜 이리 많이 주시는 거예요?"

"너 하나만 죽으면 너희 본당이 편해질 거야."

천당에 사는 노숙자 한 명도 이 신부와 같은 태도로 살던 사람이었지요. 그는 죽기 전에 여러 차례 자살을 기도했습니다. 그래서 약을 먹으면 수호천사(사람들의 영혼을 지켜주는 천사)가 나서서 약을 토하게 하고, 물에 빠지면 건져내고, 목을 매면 줄을 끊고, 어떻게 해서든지 살리려고 애를 썼습니다. 그런데 수호천사가 깜빡 잠든 사이에 그만 접시 물에 코를 박고 죽어버렸습니다.

죽어서 하느님 앞에 온 그는 살기 힘들어서 죽었노라고 울어댔습니다. 그런데 위로해주실 줄 알았던 하느님은 벌컥 화를 내셨지요.

"수호천사를 우울증에 걸리게 한 놈이 누군가 했더니 바로 너로 구나. 인생이 한 번뿐인데 네 명을 네가 줄여서 일찍 왔으니 명이 다할 때까지 천당 문 앞에서 노숙이나 하거라."

노숙하기는 싫었는지 그는 사정을 하기 시작했습니다.

"그러시다면 다시 세상에 보내주십시오."

"안 돼. 네 식구들이 네가 다시 살아오지 않게 해달라고 매일 기도하고 있단 말이야."

우리가 건강한 사람이 되려면 무엇보다 희망을 가져야 합니다. 희망은 마치 밥과 같은 것입니다. 밥은 먹느냐 안 먹느냐의 문제가 아니라 살기 위해서는 꼭 먹어야 하는 것처럼 희망 역시 그렇습니다. 그래서 희망이 있는 사람은 산 사람, 희망이 없는 사람은 걸어 다니는 시체이지요.

오스트리아의 심리학자 부르노 베델하임(Bruno Bettelheim)이 제2차 세계대전 당시 나치의 강제 수용소에서 살아남은 사람들에 대해 쓴 글이 있습니다. 수용소에 갇힌 사람들은 매일 간수들로부터 너희들은 살아서 나가지 못한다는 이야기를 들었습니다. 그 소리를 들으면서 희망을 잃은 많은 사람들은 식사도 거르고 자신을 방

치하다가 결국 수용소 안에서 죽었지요. 하지만 그 와중에서도 희망을 잃지 않고 살아남기 위해 노력한 사람들은 전쟁이 끝나면서 결국 새로운 삶을 찾았습니다.

희망은 죽어가는 사람도 살리는 힘을 가지고 있습니다. 따라서 희망은 인생에서 가장 힘겨운 때에 그 무엇보다 반드시 가져야 할 생활필수품입니다. 또한 희망은 다른 사람들에게도 영향을 미칩니다. 아이들 가운데 마치 동태처럼 힘없이 퀭한 눈을 가진 아이들이 있습니다. 말을 해도 힘이 없고, 머리에 피도 안 마른 놈이 한숨을 푹푹 쉽니다. 열이면 열 모두 그 아이들의 부모는 희망 없이 삽니다. 아이들은 그런 부모의 모습을 닮아가는 것이지요.

희망을 가지고 사는 사람은 다른 사람에게도 무엇인가 나누어주는 힘이 있습니다. 삶에 희망을 가진 사람들은 눈빛이 살아있고, 함께 있는 사람들에게 기쁨을 줍니다. 그러나 희망 없이 사는 사람, 죽지 못해 산다면서 밥을 먹어도 깨작깨작, 무슨 일을 해도 한숨부터 푹푹 쉬는 사람들은 자기 자신만 힘든 것이 아니라 주위 사람들까지도 기운 빠지게 하고 짜증나게 합니다. 특히 자신과 가장 가까이 있는 자식들로 하여금 맥 빠지는 인생을 살게 만듭니다.

우리네 인생은 시한이 정해져 있습니다. 그 시한이 얼마나 되는

지도 모르고 사는 것이 우리 인간입니다. 그러니 기왕에 사는 인생 자신도 즐겁고 남들도 즐겁게 해주면서 살아야 하지 않겠습니까. 그러려면 마음에 희망을 가지고 살아야 합니다. 매일 우거지상을 해서 남들을 피곤하게 만들지 말고 희망을 가지고 활짝 웃는 삶을 살아야지요. 그러면 자신도 기쁘고 사람들로부터 사랑도 받을 수 있습니다.

요즘 불경기가 더욱 깊어가고 있다고 합니다. 이런 때 "이제 희망이 없어"라고 한다면, 외부의 불경기가 아닌 내부의 불편함이 문제가 됩니다. 살기가 힘들수록, 말이라도 "좋아질 거야, 괜찮아지겠지" 하면서 스스로에게 희망을 주려는 노력을 해야 합니다.

얼음장 밑에서도
고기는 헤엄을 치고
눈보라 속에서도
매화는 꽃망울을 튼다.
절망 속에서도
삶의 끈기는 희망을 찾고
사막의 고통 속에서도

인간은 오아시스의 그늘을 찾는다.

눈 덮인 겨울의 밭고랑에서도

보리는 뿌리를 뻗고

마늘은 빙점에서도

그 매운 맛 향기를 지닌다.

_ 〈희망가〉, 문병란 (부분 수록)


  마음이 희망을 잃고 어둡고 추운 길로 들어서려고 할 때, 기도문처럼 이 시구절을 읊어보시기 바랍니다.

# 평생 써먹을 수 있는 재능 하나 개발하세요

· · · 기도를 잘 하는 것도 재능

예전에는 착하고 온순하기만 하면 천당에 들어갈 수 있었습니다. 그러다 보니 착하기만 하지 잘하는 일이 하나도 없는 무능력한 사람들이 너무 많아져서 천당 운영에 비상이 걸렸습니다. 그래서 하느님은 단 한 가지라도 잘하는 무언가가 있어야만 한다고 천당 입성 조건을 변경해 공지했습니다.

그동안 그저 참고 또 참는 것만 할 줄 알던 사람들이 저마다 나름대로의 재주를 개발해서 베드로 사도의 면접을 보게 되었습니다.

"너는 무엇을 할 줄 아느냐?"

"저는 기도발이 엄청 셉니다."

"그래, 너는 천당 일이 잘 안 풀릴 때마다 기도하거라. 기도방지기로 임명."

"네, 알겠습니다."

"다음. 너는 잘하는 게 뭐냐?"

"저는 장사를 잘합니다. 제가 한번 팔려고 마음먹었던 물건을 지금까지 팔지 못한 적이 한 번도 없습니다."

"그래, 너는 창고지기를 하거라."

"네."

"다음. 너는 장기가 뭐지?"

"저는 음식을 기가 막히게 잘 만듭니다."

"너는 주방을 담당하거라."

"감사합니다."

"다음. 너는 뭘 잘하느냐?"

"저는 개그를 잘합니다."

"그럼 극장에서 살거라."

"아이고, 고맙습니다."

저마다 알맞은 보직을 받고 기뻐하다가 가만히 보니 평소에 아무것도 할 줄 모르던 녀석이 휴게실에서 간식을 먹고 있었습니다. 그것도 하느님께서 성자, 성령과 함께 화투를 치고 계시는 옆자리에 앉아서……. 다들 베드로 사도에게 몰려가 강력히 항의했습니다.

"잘하는 게 아무것도 없는 백수건달을 왜 저런 좋은 자리에 두는 겁니까?"

베드로 사도는 어깨를 으쓱하며 말했습니다.

"쟤는 특채로 들어왔다. 내가 뽑은 게 아니라서 나도 몰라."

모두들 궁금증이 더해져 다시 휴게실로 몰려갔습니다. 그 건달은 이제 하느님 곁에 바짝 다가앉아 뭐라고 구시렁구시렁거리는 중이었습니다. 다들 가까이 가서 그가 무슨 소리를 중얼거리나 귀를 세우고 들어보았더니 이런 소리였습니다.

"비풍초똥팔삼, 비풍초똥팔삼."

연세가 들어 화투 패를 내놓는 순서를 잊으신 하느님을 위해, 화투라면 일가견이 있는 그가 옆에서 코치를 하고 있었던 것입니다.

잘하는 것이 한 가지라도 있는 사람은 자기만의 든든한 무기를 가지고 있는 것과 마찬가지입니다. 사람이 인생을 살다보면 다른 이들에게 무시를 당하고 갈등을 겪을 때가 많습니다. 하지만 자신만의 재능이 있으면, 잘하는 것이 한 가지라도 있으면 갈등에 휘말리지 않는 데 큰 도움이 됩니다. 예를 들면, 시어머니가 며느리의 행실을 아무리 마음에 들어 하지 않는다 해도 며느리에게 큰돈을 버는 재주가 있다면 미워하는 마음을 공공연하게 드러내지는 못합니다. 혹은 돈은 많이 못 벌어도 남의 말을 잘 들어주는 장점이 있는 사람은 주위에 사람이 모입니다. 경청하는 태도 때문에 싸울 일도 일어나지 않습니다. 기도를 잘하는 사람은 다른 사람들이 기도를 부탁합니다.

공기 좋은 곳을 찾아 시골로 이사 온 할머니 한 분이 있었습니다. 그런데 그 집에는 손님이 끊일 날 없이 사람들로 북적였습니다. 그래서인지 할머니는 혼자 사는 노인답지 않게 늘 건강하고 생기 있어 보였습니다. 마을 사람들은 먼 외지에서까지 사람들이 찾아오는 것이 신기해 물어보았지요.

"할머니 댁에 오시는 분들은 누구세요? 가족은 아닌 것 같던데."

"내가 기도를 잘해서그래."

"기도요?"

"으응. 하느님이 내 기도를 잘 들어주시거든. 그게 소문이 나서 사람들이 찾아와 기도를 부탁하네. 내가 기도해주면 먹을 것도 주고 가고 용돈도 놓고 가."

아프고 외롭고 힘들 때에도 자기 무기가 있으면 덜 아프고 덜 외롭고 덜 힘이 듭니다. 병원에서 사목을 한 적이 있습니다. 입원한 환자들 가운데 돈이 많거나 무언가 재주가 있는 경우에는 문병을 오고 간병을 하는 사람들이 득실득실하지만, 가진 것도 없고 할 줄 아는 것도 없는 환자 주위는 썰렁해서 관 나간 초상집 분위기였습니다. 다른 사람에게 나누어줄 것─돈이나 경험, 사랑, 즐거움, 본보기 등─이 없는 사람을 우리는 좋아하지 않습니다.

보잘것없이 평범해 보이는 사람에게서 숨은 재주를 발견했을 때 감탄하고 존경의 마음이 생겼던 경험을 해본 적도 있을 것입니다. 재능은 특별한 사람에게만 주어지는 혜택이 아닙니다. 누구에게나 적어도 한 가지의 재능은 있게 마련입니다. 다만 개발하지 않을 뿐입니다. 뛰어난 재능이 있다는 것은 타고난 면도 있지만 그보다는 많은 시간과 노력을 투자했기 때문에 얻을 수 있는 것입니다. 연습과 훈련 없이 이룰 수 있는 것은 아무것도 없습니다. 그러니 자기 무기 하나 지니지 못했다는 것은 인생의 중요한 부분에서 게으름을 피웠다는 뜻입니다.

특히 나이 들어서 식구들에게 무시당하는 노인들을 보면, 그동안 식구들을 위해 얼마나 희생을 했든 지금 당장 스스로 할 줄 아는 게 없는 경우가 대부분입니다. 무언가를 시작하기에 너무 늦은 나이란 없습니다. 아직 자기만의 확실한 무기가 없다면 개발해서 사랑도 받고, 선생님 대접도 받아봅시다.

## 가끔은 빈둥빈둥 치료법이 필요합니다

· · · 몸은 영혼의 성전

지방에 내려갔다가 참으로 오랜만에 새내기 신부 시절에 인연을 맺었던 신자를 만났습니다. 반가운 인사를 나누는데 그가 자신의 본당 신부 이야기를 꺼냈습니다.

"저희 신부님은 너무나도 좋은 분이세요. 정말 성인 신부님이세요. 다만 당신 몸을 돌보지 않아 걱정이에요."

몸을 돌보지 않는 성인 신부 이야기를 들으면서 처음 본당에 나갔을 때가 생각났습니다. 조그만 시골 본당으로 첫 주임 발령을 받고 가난한 삶을 살자는 결심을 했지요.

'우선 먹을 것부터 검소하게 하자.'

그래서 주방 일을 하는 자매를 두지 않고 직접 밥을 지어 먹었습니다. 마치 자취생 같은 식사였습니다.

'연료비도 아껴야지. 신자 분들은 가난한데 본당 신부가 연료비 펑펑 쓸 수는 없다.'

한겨울 영하의 날씨에도 보일러를 켜지 않고 옷을 두껍게 입고 덜덜 떨면서 지냈습니다. 사제관 바닥이 냉골이 된 것은 물론이지요. 그렇게 한 달을 보냈는데 사제관 이 층의 수녀원에서 원장 수녀님이 내려오셨습니다. 그리고 저에게 사정하시는 것입니다.

"신부님, 조금이라도 좋으니 보일러를 때면 안 될까요?"

"무슨 소리신지…… 보일러 때시면 될 텐데. 뭘 저한테 허락을 구하고 그러세요."

"사제관의 스위치를 끄면 수녀원에도 보일러가 켜지지 않아요."

"이런, 진작 말씀하시지 않고요. 앞으로 보일러를 틀겠습니다."

겉으로는 미안한 체했지만 속마음은 전혀 달랐지요.

'수도자가 그깟 것 하나 못 참나.'

참으로 무지한 생각이었습니다. 지금도 그때 생각을 하면 그 수녀님에게 미안한 마음뿐입니다.

하여간 그렇게 일 년을 지내고 나니 몸이 부어오르는 것이었습니다. 밥하기가 귀찮아서 라면만 먹고 거의 매일같이 술만 마시니 그럴 만도 했습니다. 몸이 무너지니 마음도 덩달아 무너져 내리더군요. 신자들에게 잘해야지 하는 결심은 어디 출장 가고 자꾸 짜증만 늘어났습니다. 입맛에 맞지 않는 사람들은 피하고 싶고, 싫은 사람들은 단점만 자꾸 보였습니다. 그런 스스로가 너무나 싫었지만 점점 더 그런 생활이 고착화되어갔습니다.

그때는 왜 그런지 원인을 알지 못했습니다. 단지 아직도 가난한 삶을 덜 살아서 그렇다고 스스로 결론을 내리고 몸을 더 혹사해야 한다는 자학적인 방법만이 생각날 뿐이었습니다.

오랫동안 그렇게 살다가 영성심리학 책에서 이런 글과 마주쳤습니다.

'몸은 영혼의 성전이고, 영혼은 하느님이 거하시는 성전이다.'

그 순간 퍼뜩 생각이 떠올랐습니다.

'영혼을 위한답시고 나름대로 기도도 하고 영적 독서도 했는데 정작 영혼이 쉬는 몸은 돌보지 않았구나. 아, 내가 생각을 잘못했구나. 몸을 잘 돌보아야 영혼이 건강해지는 것인데, 몸을 돌보지 않았으니 영혼이 건강해질 리 없지. 첫 단추를 잘못 끼웠구나.'

모든 의문이 한순간에 풀렸습니다. 그동안 사제 생활이 괴로웠던 것은 몸을 소중히 다루지 않은 까닭이었습니다. 하느님도 사람들의 영혼 구원에만 관심을 갖지 않으시고, 육신의 병을 고쳐주는 데에도 많은 시간을 할애하셨습니다. 그런데 우리 교회는 은근히 육체를 폄하하고, 몸을 돌보는 일을 경시하는 풍조가 있습니다. 하느님의 가르침과는 전혀 상관없이 몸이 욕망의 근원이라고 주장하는 사람들 때문에 생긴 풍조입니다. 그리스 철학자들에게 영향 받은 강박적 성향의 신학자들에 의해서 만들어진 아류 신학일 뿐이었습니다.

육체가 영혼의 성전이라는 사실을 깨닫고 나서 그에 관한 책들, 동서양의 간단한 의학서적들을 보기 시작했습니다. 그리고 그동안 내 몸에 대해 너무 무지했다는 때늦은 자각이 들어 부끄러웠습니다. 몸은 마음만큼이나 예민하고 대화를 원하는 존재인 것을. 그 후부터는 '아무거나 먹자'라는 말을 하지 않습니다. 검소한 식사라도 몸에 고마움을 표하는 마음으로 먹습니다. 몸이 아프면 손으로 어루만지면서 사과를 합니다. 몸을 함부로 다루어서 아픈 것이니 말입니다. 그런 과정을 겪으면서 몸이 참으로 많은 것을 말해준다는 사실을 알게 되었습니다. 몸이 아픈 것은 쉬어달라는 메시지입니다. 이럴 때는 빈둥빈둥 치료법이 약입니다. 연초부터 치아 수리하러 치과에 다니고, 갈비뼈가 부러져서 정형외과 신세를 지더니 입술 안쪽이 곪아서 고생했던 때가 있었습니다. 의사가 그러더군요.

"너무 무리하게 사시나봅니다. 과로로 인한 것이니 잘 드시고 푹 쉬세요."

병원을 나오면서 고개를 갸웃거렸지요.

'과로한 적 없는데. 남들이 다 나를 날라리 신부라고 하던데.'

여전히 곪은 부위가 쑤시고 아파 다시 병원을 찾았더니 의사는 또 같은 말을 했습니다.

"무리하지 마세요."

'어, 난 무리한 적 없는데?'

하지만 곰곰히 생각해보니 정말 쉰 적이 별로 없었습니다. 가만히 누워 있으면 좀이 쑤셔서 운동을 하든가 무슨 일이든 하러 나갔지 집에서 빈둥거린 적이 없었습니다. 그래서 하루 날을 잡아 빈둥거리다가 졸리면 자고, 또 먹고 하면서 하루를 보냈습니다. 그러고 나니 어느새 곪은 부위가 가라앉아 있었습니다.

육체는 죽을 때까지 같이 살아야 하는 동반자입니다. 아무리 홀대해도 내 곁을 떠나지 않는 가족입니다. 그런 몸을 귀찮아하고 아무거나 먹이고 학대하는 것은 자살행위이며, 그것이야 말로 죄를 짓는 일이지요.

　참으로 오랜만에 만난 신자와 헤어지면서 이런 말을 덧붙이지 않을 수 없었습니다.

"그 신부한테 이렇게 전해주세요. 자기 몸을 돌보지 않고 신자들의 가난함을 생각하는 마음은 기특하지만, 신자들이 늘 건강 걱정을 하게 만드는 것은 또 다른 죄를 짓는 거라고요. 하느님을 생각할 시간에 신부 걱정하면서 시간 낭비를 하게 만드니까. 어떤 의미에서는 미성숙한 행동이기도 하다고 말입니다.

　그렇게 살면 다른 사람들의 염려를 받고 싶은 응석받이 콤플렉스가 작동할 수 있거든요. 건강해지면 사람들이 걱정해주고 살펴주지 않을 거라는 걱정일랑 하지 말고 당장 건강부터 챙기라고 전해주세요. 운동 열심히 하고, 담배니 술이니 몸에 안 좋은 것들은 자제하고, 신자들 업고 뛸 정도의 체력을 키우라고요. 그래야 사제 생활도 오래할 수 있습니다."

# 징징거릴 시간에 박장대소하세요
· · · 성공하는 사람들의 기본 마인드

부활성야 복음의 서두에는 마리아 막달레나, 살로메, 그리고 야고보의 어머니 마리아가 나옵니다. 부활성야 가장 중요한 복음에 왜 이 세 여인의 이름이 나오는 것일까요?

첫째, 어떤 종교이든지 남자들이 기둥 역할을 한다면 여인들은 벽의 역할을 해서 종교를 지탱해나갑니다. 예수님도 여인들의 도움을 많이 받으셨고, 또 초기 교회가 자리를 잡는 데 여인들의 역할은 지대했습니다. 그래서 복음의 서두에 초기 교회에서 가장 중요했던 세 여인의 이름이 나오는 것이지요.

두 번째, 이 세 여인의 행적을 통해 하느님은 성공한 신앙인의 모범을 보여주십니다.

세 여인은 남자 제자들이 모두 숨어 있을 때 새벽같이 예수님의 무덤을 찾았습니다. 예수님의 몸에 발라드릴 향유도 가져갔습니다. 죽은 사람에게 베풀 수 있는 가장 큰 선물이었지요. 언젠가 한 초등학생 녀석이 "그 아줌마들 대단하다"고 하더군요.

"왜 그렇게 생각하니?"

"무덤을 파서 시체를 꺼내러 가는데 무섭지도 않나봐요?"

하지만 당시의 무덤은 매장식이 아니라 동굴묘였습니다. 동굴 안에 시신을 모셔놓고 돌로 막는 식이었지요.

여하튼 새벽같이 무덤을 찾는 세 여인이 대단했던 것은 사실입니다. 이들은 성공하는 사람들의 특성을 지니고 있었습니다. 미국의 성공적인 CEO로 손꼽히는 시드니 프리드먼(Sidney Friedman)은 성공하는 사람의 특성을 이렇게 이야기했습니다.

"성공하는 사람은 다른 사람이 할 수 있으면서도 하지 않은 일을 해낸 사람이다. 일이 풀리지 않을 때 주저앉아서 징징 울지 않고, 되든 말든 투사처럼 도전해보는 사람이다. 꿈이 다가오기를 기다리지 않고 자신의 꿈을 좇아서 달려가는 사람이다."

이 세 여인은 이런 성공하는 사람의 마인드를 모두 가지고 있던 사람들이었고, 그래서 주님은 이 여인들을 초대 교회의 기둥으로 생각하셨던 것입니다. 시신에 향유 바르는 게 뭔 대단한 일이라고 성공 운운하는가 한다면, 당시 상황을 생각해보면 됩니다. 커다랗고 무거운 돌문을 열고 무덤 안으로 들어가기란 쉽지 않은 상황이었지요. 그러나 세 여인은 안 된다고 생각하고 포기하는 대신 될 수도 있다고 생각하고 일단 가보았습니다. 이것이 성공하는 사람들의 기본 마인드입니다.

그렇다면 이 세 여인은 어떻게 이런 마음을 갖게 되었을까요? 이 물음에 대한 해답은 스위스의 심리학자인 칼 융(Carl Gustav Jung)의 말에서 찾을 수 있습니다. 융에 의하면, 사람의 인생에는 정신적 에너지가 밖으로 나가는 시기와 자기 안으로 들어오는 시기가 있다고 합니다. 따라서 젊은 시절에는 밖으로 에너지를 쏟아야 합니다. 즉, 자기 일을 하고, 사람들을 만나고, 여러 가지 경험을 하면서 자신감과 자존감을 키워야 합니다. 나이를 먹어서는 자기 안으로 에너지를 쏟아야 합니다. 기도와 명상 등으로 내면의 힘을 키워야 하는 것이지요.

반면 젊은 사람이 방구석에 처박혀서 하루 종일 '내가 누군가'만 생각하고 앉아 있으면 우울증에 걸리기 십상이고, 나이 든 사람이 자신의 마음은 들여다보지 않고 바깥일에만 귀를 쫑긋거린다면 주책 떠는 노인네 소리를 듣게 되지요.

이 세 여인은 하느님을 만나 내적인 균형을 얻었고, 자신들의 에너지를 적절하게 사용했던 것입니다.

성공하는 사람들의 또 다른 특성은 기다릴 줄 아는 지혜입니다. 모든 일에는 각각 나름의 시간이 필요합니다. 밥을 할 때는 삼십 분 정도의 시간이 필요하지만, 쌀을 만드는 데는 일 년이 필요합니다. 만약 삼십 분을 못 기다리고 밥통 뚜껑을 열었다 닫았다 한다면 설익은 밥을 먹게 되겠지요. 느긋하게 기다린다고 일주일 후에 밥통 뚜껑을 열어도 맛있는 밥을 못 먹기는 마찬가지입니다.

성공하는 사람들은 이 점을 알고 기다리며 준비하는 사람들입니다. 반면 실패하는 사람들은 급한 마음에 아무 일에나 손을 대고, 실패하면 급하게 또 다른 일을 시작합니다. 이도저도 아니게 되는 것이지요. 마지막으로 성공하는 사람들의 제일 중요한 또 한 가지 특성은 끊임없는 자기 개발입니다. 책을 읽다가 다음과 같은 대화를 보았습니다.

"어떻게 하면 성공할 수 있을까요?"

"어느 분야의 고수가 되면 됩니다."

"어떻게 해야 고수가 될까요?"

"자기가 하고 싶은 일에 미친 듯이 빠져들어야 합니다."

"그래도 성공 못한 사람들이 많은데요?"

"그렇지요. 자기가 어느 분야의 고수라고 하더라도 그 능력이 그 시대의 요구와 맞아야 하는 것이지요. 즉, 그 사회가 절실히 요구하는 것과 나의 능력이 일치할 때 성공하는 것이지요. 그러나 그렇지 않다고 하더라도 고수의 경지에 이르면 심리적으로 상당히 당당해집니다."

"그럼 얼마만큼 실력을 닦아야 그런 경지에 도달하나요?"

"수도승처럼 매일, 그리고 죽을 때까지 갈고 닦아야 합니다."

도전하고 노력하는 것, 그것이 성공의 열쇠입니다.

# 행복은 마음공부에서 시작됩니다

··· 자신을 짓누르는 억압에서 벗어나기

하느님께서 가끔 하신 말씀 가운데 '알아들을 귀 있는 자'라는 표현이 있습니다. 알아들을 귀가 없는 사람도 있을까 하는 생각이 들게 마련이지만, 사목을 하다보면 정말 그런 사람들을 만납니다. 아무리 설명을 해도 들으려고 하지 않고 자기만의 생각에 빠져서 헤매는 사람들, 머리가 굳어져서 더 이상 다른 생각을 하지 않는 사람들, 어떤 말을 해도 자기 식대로 해석해서 엉뚱한 결론을 내는 사람들, 참으로 답답한 사람들입니다. 그런 사람들에게는 하느님도 질리셨는지 알아들을 귀 있는 자만 알아들으라고 손을 놓으십니다.

말귀 못 알아듣는 사람이 되지 않기 위해서는 공부를 해야 합니다. 사람은 죽을 때까지 배우다가 가는 존재들입니다. 불행하고 고집 센 늙은이가 아니라 현명하고 행복하게 나이 들려면 특히 마음 공부가 필요합니다.

저도 마흔 중반까지 마음속에 수많은 벽들을 쌓아올리면서 살았습니다. 다른 사람들이 내 안을 볼까봐 쌓았고, 다른 사람들에게 인정받고 싶어서 쌓았습니다. 벽 안의 나는 자신으로부터 무시당하고 버림받고, 그래서 마음속에서 흉물로 겨우 숨 쉬며 살았습니다. 가끔씩 꿈에서나 자기가 살아있음을 보여주었지요(주로 상갓집의 관 속 시체 모습으로). 이상심리학 교과서에 나오는 증상들─병적인 죄책감, 미래에 대한 지나친 불안, 죄에 대한 강박관념, 심한 열등감, 웃고 사는 사람들에 대한 분노─을 겪으며 힘든 날들을 보냈지요.

경제학과를 졸업하고 행정고시 준비를 하는 둥 마는 둥 허송세월을 보내다가 늦깎이로 신학교에 들어갔습니다. 간신히 서품을 받고 처음으로 본당에 나가면서 사람들에게 아주 친절한 신부가 되리라 결심했습니다. 그리고 처음 본당에 나갔을 때 나이 든 새 신부이건만 교우들은 많은 사랑을 주었습니다. 몸은 피곤했지만 마음은 정말 행복감으로 충만했습니다. 태어나서 난생처음으로 받아본 많은 사랑. 이 년 간의 보좌신부 생활은 그동안 결핍되었던 사랑을 만끽하는 시간이었습니다. 아, 사제 생활이란 이런 것인가 보다 사랑을 먹고 사랑을 베풀어주는 삶이로구나 하는 가슴 벅찬 시간, 사제직에 대한 긍지와 자신감을 채우는 시간이었습니다.

두 번째 본당은 명동성당이었습니다. 소위 운동권 학생들의 지도신부가 되었습니다. 술자리에서 김일성 장군가를 부르던 아이들이 얼마나 낯설었는지. 그러나 시간이 가면서 그들의 모습이 보이기 시작하였습니다. 가난한 사람들에게 깊은 연민을 가진 학생들, 그에 반해 가진 사람들에게 너무 심한 적대감을 가진 학생들, '신부'라고 부르면서 지도 받기를 원치 않던 이들이었습니다. 첫 본당에서 청년들과 따뜻한 교류를 했었기에 그들의 반응은 충격적이었고, 외로움이 밀려왔습니다. 그들은 자신들에 비해 너무나 빈약한 사회의식과 지식을 가진 저에게 곁을 주지 않았고, 저는 한심한 자신에 대한 실망, 그동안의 내 삶은 프티 부르주아(petit bourgeois), 소시민의 삶이었다는 자조적인 생각으로 하루하루 무너져 내렸습니다.

그러다가 일 년 만에 본당신부로 발령이 났고, 도망치듯이 떠났습니다. 그런데 실제 생활을 해가면서 처음과는 달리 점점 지쳐만 갔습니다. 좀처럼 변하지 않는 나 자신, 그리고 요지부동인 신자들……. 몇 해가 지나도, 어느 성당을 가도 똑같은 문제가 반복되는데 지치고, 또 지쳤습니다. 그러면서 도대체 사제가 정말 필요한 존재이긴 한 건지라는 생각과 함께 회의가 들었습니다.

여기저기 스승을 찾아다니기도 했습니다. 하지만 사람들은 마음을 비우라는 둥 더 높은 삶을 찾으라는 둥 기도를 더 하라는 둥 하느님이 너를 사랑하시는 것을 믿으라는 둥 마음에 와 닿지 않는 뜬구름 잡는 말만 하더군요. 그리고 어느 시점에서인가 사제 생활이 문제가 아니라 내가 왜 살아야 하는가 하는 마지막 질문에 봉착하게 되었습니다. 삶의 의미가 보이지 않았지요.

그런 와중에도 살고 싶었는지 상담실을 찾았습니다. 난생처음으로 이해받는다는 기분이 들었고 대화 상대를 만난 기쁨을 느꼈습니다. 그래서 생각지도 않게 오 년여에 걸친 오랜 개인 상담을 받게 되었지요.

그룹 상담은 또 하나의 기회였습니다. 얼굴이 화끈 달아오를 정도로 날 선 지적들을 받는데도 기뻤습니다. 내 안에 벽을 높다랗게 쌓아올린 것이 바로 나 자신이었다는 깨달음, 한 장 한 장 벽돌이

깨질 때마다 그렇게 통쾌할 수가 없었습니다. 처음으로 자유로움을 느꼈습니다. 그 무렵 꿈을 꾸었습니다. 땅이 뒤집히는, 지진이 일어나는 꿈이었지요.

언제인가는 상담을 받던 도중에 눈앞에 다 쓰러진 집 한 채가 보였습니다. 말 그대로 흉가였습니다. 상담가에게 말했더니 "그것이 신부님의 지금 마음입니다" 하더군요. 충격이었지요. 그날부터 스스로를 이해하기 위해 닥치는 대로 심리학책을 구입하여 읽고 메모하고 묵상하는 일이 시작되었습니다.

그렇게 몇 년이 지난 후 눈을 감고 명상을 하는데 잎이 시원찮은 연꽃이 보였습니다. 저의 마음이었던 것이지요. 그런데 마음이 슬프지 않더군요.

'아, 그래도 이만큼이라도 내 연꽃이 살아났구나.'

그동안의 노력이 헛것은 아니었다는 안도감이 들었습니다.

심리학을 공부하고픈 욕구가 억제하기 어려울 정도로 솟아오른 것은 당연한 일이었습니다. 대학원에 들어가 시간을 쪼개가며 상담심리학을 공부했습니다. 그 과정에서 내가 비정상이 아니라 정상임을, 오히려 나를 이상하다고 한 사람들이 자기 자신을 보지 않으려고 하는 신경증적 증상을 가진 사람들임을 확인하게 되었지요. 그때의 후련함이란. 하마터면 눈뜬 소경들에게 시달리면서 한 많은 삶을 살 뻔했습니다.

마음공부를 하면 내 마음에 얼마나 무자비한 짓을 해왔는지 깨닫게 됩니다. 그 사실을 알게 되는 순간 얼마나 마음이 홀가분해졌는지 모릅니다. 과거의 억압적이고 강박적이고 경직된 사고방식들, 나의 머리를 짓누르던 것들이 무지에서 비롯되었다는 사실을 아는 것만으로도 마음이 가벼워집니다.

대학원 졸업 후에 누군가 소감을 물었습니다. 그때 저는 이렇게 말했습니다.

"이제 무슨 책을 사서 봐야 할지 알 것 같습니다."

요즘도 일주일에 한 번은 시내 서점에 가서 심리학 관련 서적을 사 읽습니다. 머리맡에는 늘 스승들이 있습니다. 융, 프로이트, 에리히 프롬, 아들러……. 머리맡에 빙 둘러두고 아침에 깨자마자, 또 자기 전에 조금씩 읽어봅니다.

공부가 너무나 즐겁습니다. 젊은 시절에는 나이 드는 게 불안했습니다. 하지만 오십 대에 들어선 지금은 더할 나위 없이 편안하고 좋습니다. 마음의 헤매임도 덜하고 욱하고 치밀어 오르는 것도 줄고 더 활기찬 생활을 합니다. 공부도 재미있고, 운동도 재미있고,

체력도 그리 달리는 것 같지 않고요. 마음공부의 결실이 아닌가 합니다.

 모든 것의 시작은 이해입니다. 자, 이해합시다! 나 자신을, 우리의 인생을! 그러면 다른 사람이 보이고, 사회가 보이고, 하느님의 뜻이 보입니다.

# 건강한 인생 필수품, 기도
· · · 기도하기의 중요성

옛날 어느 수녀원에 젊은 수녀가 들어왔습니다. 그런데 아무 이유도 없이 며칠 동안 기도를 하지 않아 원장 수녀가 호출을 했습니다.

"왜 기도를 안 하는 거냐?"

"아무리 미사를 드리고 영성체를 하면 뭐합니까? 달라지는 게 아무것도 없는데요. 다른 수녀들을 봐도 기도 시간에는 거룩한 척하다가 일상으로 돌아오면 항상 똑같습니다. 너무 위선적이에요. 그렇게 사느니 기도를 안 하는 게 낫다는 생각이 들어서 안 하기로 했습니다."

젊은 수녀의 당돌한 이야기를 가만히 듣고 있던 원장 수녀가 입을 열었습니다.

"그래? 그래도 다시 한 번 생각해보시게. 내가 독방과 일주일의 시간을 줄 테니까 홀로 조용히 지내면서 생각해봐."

 원장 수녀는 본채에서 뚝 떨어진 독채로 젊은 수녀를 보냈습니다. 젊은 수녀는 속으로 쾌재를 불렀지요.

'아, 이제 잔소리도 안 듣겠구나. 혼자 책이나 실컷 보면서 재미있게 지내야지.'

 젊은 수녀는 발걸음도 가볍게 독채로 들어갔습니다. 그런데 욕실도 거울도 없이 달랑 방 하나만 있는 것이었습니다.

'며칠 씻지도 말고 뒹굴뒹굴 지내자.'

 젊은 수녀는 매일 먹고 자고 뒹굴면서 하루를 보냈습니다. 그렇게 사흘째 되는 날, 몸이 근질근질하고 머리도 뻑뻑하고 해서 이제 좀 씻어야 되지 않나 하고는 원장 수녀를 찾아갔지요.

"어, 웬일이냐?"

"목욕탕 좀 보내주세요."

"목욕하게?

"네. 제 꼴이 말이 아니죠? 부끄러워라. 참, 거울도 있으면 하나

주세요.”

"기도 시간은 마음의 거울을 들여다보고 땟국 흐르는 자신의 영혼을 씻는 시간이다. 그런데 몸이 더러운 것은 부끄러워하면서 마음이 더러워지는 것은 왜 괘념치 않는 것이냐, 이것아!"

우리는 아침마다 몸을 씻습니다. 그리고 저녁에 자기 전에 또 씻습니다. 만약 씻지 않고 산다면 심한 불쾌감을 느끼겠지요. 그런데 기도 역시 오랫동안 안 하면 마음이 찜찜하고 불쾌해집니다. 누군가는 이런 말을 했습니다.

"얼굴을 씻으면 한 시간 동안 기분이 좋고, 샤워를 하면 하루가 기분이 좋은데, 기도를 하면 평생 기분이 좋다."

기왕에 사는 인생, 기분 좋게 상큼하게 살기 위해 영혼을 목욕하는 시간을 갖는 것이 좋습니다. 다만 너무 고지식하고, 강박적으로 하면 안 좋습니다.

수도자들이 만나기만 하면 낄낄대며 웃고 장난을 쳐서 시끌벅적한 수도원이 있었습니다. 어느 날 원장 수사가 수도자들을 불러 모아 훈시를 했습니다.

"이제부터 사순 시기가 시작됩니다. 그러니 지금처럼 살지 말고 열심히 침묵하면서 기도하세요."

원장 수사의 말을 듣고 부끄러워진 수도자들은 다 같이 열심히 살자고 굳은 결심을 했습니다. 그래서 사순 시기 동안에 기도할 양을 정해서 각자 사람들 앞에 공개하고 지키기로 했습니다.

곧 사순 시기가 되어 모두들 평소의 두 배가량 많은 기도를 하고 묵주도 열심히 돌렸습니다. 그렇게 며칠이 지나면서 수도원의 분위기가 싹 바뀌었습니다. 경건하고 조용하기가 이를 데 없었지요. 대신 수도자들 사이에 웃음이 사라지고 짜증이 늘어났습니다. 전에는 누가 미사를 빠지면 어디가 아픈가 하고 걱정들을 했습니다. 하지만 기도의 양을 늘린 다음부터는 누가 미사를 빠지면 괜히 화가 나고, 기도를 소홀히 하는 사람을 보면 자꾸만 손가락질하고 싶은 마음이 들었습니다. 그래서 모두들 기도를 다시 두 배로 늘렸습니다. 그럴수록 수도원의 분위기는 나빠져만 갔습니다. 고지식하고 강박적인 기도에 질렸기 때문이지요.

신앙생활에서 제일 어려운 점이 무엇인지 물으면 대다수가 기도하기를 꼽습니다. 가톨릭교회를 다니면서 외워야 할 기도문이 많기는 합니다. 주의 기도, 성모송, 영광송, 사도신경, 묵주기도……. 그래서인지 천주교 신자들은 "기도 좀 해보세요" 하면 개신교 신자들처럼 자유롭게 하는 것이 아니라, 경직된 자세로 또 거

북한 마음으로 합니다. 그런데 이런 기도문들에 익숙해지고 나면 그 다음에 더 큰 문제가 나타납니다. 기도를 해도 달라지지 않아서 실망하게 된다는 것이지요.

옛날 어떤 수사가 성인 수사가 될 결심을 하고 열심히 기도를 했습니다. 하지만 기도할 때만 자신이 거룩해지고 변화된 듯 느낄 뿐, 기도 시간이 끝나면 옛날과 똑같고 고해성사를 봐도 노상 똑같은 죄만 고백하고 살아서 아주 실망을 했지요. 그래서 수도원을 나갈 생각까지 하게 되었습니다. 그 모습을 본 원장 수사는 그를 데리고 강으로 나갔습니다. 원장 수사는 강가에 매여 있던 나룻배를 풀어주며 말했습니다.

"노를 저어 강물을 거슬러 올라가라."

하지만 아무리 노를 저어도 배는 제자리걸음을 할 뿐이었습니다.

"원장 수사님, 도저히 안 돼요! 물살이 너무 세요!"

"그래? 그럼 노를 젓지 마! 그냥 가만히 있어!"

수사가 노 젓기를 멈췄더니 배는 순식간에 하류로 떠밀려 내려갔습니다.

간신히 강물을 빠져나온 수사에게 원장 수사가 말했습니다.

"사람의 마음에는 거센 강물이 있다. 이 강물은 사람을 좋은 쪽이 아니라 나쁜 쪽으로 미는 힘이 강하지. 기도하지 않는 것은 거센 강물에서 노를 젓지 않는 것과 마찬가지야."

기도를 하면 성장하지는 못한다 해도 나락으로 떨어지는 일은 막을 수 있습니다.

# 거룩한 신부가 아닌
# 좋은 아버지를 만나야

· · · · 사람들의 인심을 위해 일해야 하는 신부

한동안 텔레비전을 켜면 온통 용산 참사에 관한 이야기들로 논란이 일 때가 있었습니다. 그 가운데서도 과잉 진압이냐 정당한 진압이냐, 하는 이야기는 근본적인 문제를 덮어버리려는 야비한 술책일 뿐입니다. 재개발을 강압적으로 추진하다 발생한 일이니 정부는 인권 존중을 하지 않았음을 인정하고 국민에게 사과를 해야 합니다. 하지만 몇몇 경찰 간부만 앞세워 대신 두들겨 맞게 하고 정작 명령을 내린 사람들은 시위대에게 모든 책임을 돌리기 위해 뒷전에서 잔머리 작전을 쓰고 있습니다. 죽음을 당한 시위대나 경찰이나 다 희생자들, 피해자들입니다. 우리가 정말 해야 할 일은 가해자를 찾는 일이겠지요.

용산 참사 현장에서 유족들을 위해 매일 미사를 드리던 이강서 신부는 마음이 참으로 맑은 사람입니다. 군종 신부를 제대하자마자 빈민 사목을 시작해 지금은 십 년째 사목을 하고 있지요. 간혹 왜 신부들이 정치에 나서느냐고 비난하는 사람들이 있습니다. 정의구현사제단을 두고 말하는 것일 텐데, 사제직에 대한 이해가 부족하기 때문입니다.

사제란 단순히 미사와 전례만 집전하는 사람이 아닙니다. 사제는 양들을 돌봐야 하는 목자의 직분을 가진 사람입니다. 종교인이든 비종교인이든 관계없이 사람은 모두 양이지요. 명동 성당 시절, 사제란 누구인가에 대한 고민이 참 많았습니다. 성당 안으로 일주일에 한 번 이상은 들어오는 온갖 시위대, 그리고 그들이 부르짖는 소리를 들을 때마다 이 사회에서 신부라는 존재가 할 수 있는 일이 무엇인가 하는 회의에 빠졌습니다. 해방신학, 부당한 권력과 투쟁을 벌였던 남미의 신부들을 생각하면서 겁 많고 소심한 나 자신이 미웠습니다. 이렇게 무능한 존재로 사느니 차라리 옷을 벗는 편이 낫지 않은가 생각하는 시간이 날이 갈수록 늘어났지요. 신부가 된 지 겨우 이 년이 갓 넘은 때였습니다.

그렇게 일 년이 가고, 본당신부로 발령이 나 도망치듯 명동을 떠났습니다. 하지만 마음은 편하지 않았습니다. 술과 담배, 그리고 나약한 스스로에 대한 자조로 영혼은 혼탁해져갔습니다. 매일 술을 마시지 않고서는 잠을 잘 수가 없었지요. 그저 다 잊고 아무것도 보지 않고 소시민으로 돌아가고 싶었습니다. 눈 먼 사람, 귀 먹은 사람, 알아들을 귀 없는 사람으로 살았습니다.

그러다가 우리사회에서 신부란 어떤 존재여야 하는지를 새로운 시각, 영성심리의 시각으로 보게 되었습니다. 신부는 혁명가도 변혁가도 선동가도 아니었습니다. 신자들과 대충 어울리며 술 마시고 놀아주는 얼굴 마담은 더더욱 아니었습니다. 그렇다고 사람들로부터 격리된 채 홀로 거룩한 존재도 아니었습니다. 신부는 사람들의 병든 마음 안에 아버지의 자리를 가진 사람들이었습니다.

아버지처럼, 사제는 사람들의 영혼뿐 아니라 생활까지도 돌보아야 합니다. 주님께서 오천 명이나 되는 사람들의 저녁거리 해결을 제자들에게 일임하신 것처럼, 사제는 사람들이 살면서 부당한 일을 당하는 일을 막아야 합니다. 사제란 사람들의 안녕을 위해서 일해야 할 직분을 가졌기 때문이지요.

그렇다고 해서 모든 사회적 문제에 사제들이 나서야 한다는 뜻은 아닙니다. 전문가들이 나서도 해결이 되지 않을 때, 기다려도 아무 변화가 일어나지 않을 때, 사회적 분열이 일어날 때, 침묵하고 있어서는 사제의 직분을 다한다고 할 수 없지요. 그럴 때는 나서야 합니다.

저는 본당에서 절대로 정치에 관한 이야기를 않지만 요즘 같은 때는 가끔씩 투사로 나서기라도 해야 할 것 같은 사명감이 불끈 솟아오릅니다. 특히 재개발로 폐허가 된 성당 주변을 보면 말입니다.

# 마음이 쉬는 곳 만들기

· · · · 문명에 찌든 영혼을 정화하는 곳

이집트에 갔을 때 영화에서나 보았던 거대한 피라미드를 보며 생각했습니다.

'얼마나 많은 노예들이 고통스럽게 죽어가면서 만든 것일까?'

하지만 가이드의 말은 달랐습니다. 당시에는 노예제도가 없었다고 합니다. 피라미드는 무임금으로 노예를 부려 쌓아올린 잔인한 축조물이 아니라, 밥벌이를 하게 해준 고마운 공사였답니다. 나일 강이 범람하는 동안에는 농사를 지을 수가 없었고, 그동안 먹고 살기 위한 돈을 마련하라고 피라미드 공사를 했다는 이야기이지요. 피라미드를 폭정의 상징물로 보았던 것은 편견이었습니다.

피라미드는 그 웅장함에서 이집트 여행에서 가장 볼 만한 구경거리였습니다. 그러나 여행에서 돌아온 지 꽤 시간이 지난 지금까지도 이집트를 떠올릴 때면 피라미드가 아니라 사막이 눈앞에 아른거립니다.

사막으로 가는 길, 차 안에 탄 사람들이 한결 같이 궁금해하는 점이 있었습니다.

"용변은 어떻게 해야 하나요?"

가이드가 간단히 말했습니다.

"안 보이는 곳에서 해결하시면 됩니다."

"화장실이 없나요?"

"없습니다."

다들 웅성거렸습니다. 용변은 어떻게 하나, 밤에는 몹시 춥다는데 잠은 잘 수 있을까, 사막에서의 하룻밤을 앞두고 다들 걱정이 이만저만이 아니었습니다.

버스로 사막의 유일한 도로를 세 시간 동안 달렸습니다. 그리고 다시 지프를 타고 한 시간을 더 들어가니 목적지가 나왔습니다. 베두원 족 청년들이 텐트를 쳐주고 모닥불을 피워주었습니다. 다 같이 저녁을 먹고 모여서 노래도 부르고 각자 용변도 해결했습니다.

걱정한 것만큼 어려운 일은 아니었습니다. 용변을 보고 나서 모래로 덮어버리면 그만이었으니까요. 애꿎은 물을 사용할 일도 화장실을 따로 지을 필요도 없으니 오히려 편리한 시스템입니다.

밤이 되면서 몸 상태가 영 시원찮아졌습니다. 할 수 없이 먼저 이 인용 텐트 안으로 들어가 옷이란 옷을 죄다 주워 입고 잔뜩 웅크린 채 잠을 청하는데 이건 도무지 잠을 잘 수 있는 상황이 아니었습니다. 텐트 사이로 들어오는 칼바람에 정말 오랜만에 살을 에는 추위를 느꼈습니다. 텐트 안이 더 추울 거라던 가이드의 말을 비로소 이해할 수 있었지요.

반면 베두윈족 청년들은 모래 바닥에 매트리스 한 장 깔고는 모포를 둘둘 말아 몸을 감싼 채 드르렁드르렁 마음껏 코를 골고 있었습니다. 어찌나 잘 자는지 부러울 따름이었습니다. 베두윈족들의 삶은 너무나 간결합니다. 매트리스 한 장, 모포 한 장, 그리고 아주 기본적인 취사도구만 있으면 어디서든 만사 오케이입니다. 사막으로 오는 길에 군데군데 벽돌을 쌓아 벽만 세워놓은 집들을 보았습니다. 지붕이 없어도 사방으로 들어오는 바람을 막을 바람막이만 있으면 괜찮은 것입니다. 문명이란 이름의 기구들에 내가 얼마나 길들여져 있는지, 그런 것들에 얼마나 많은 돈을 소비하고 사는지 새

삼 깨닫는 순간이었지요.

 이런저런 생각을 하며 추위에 떨다가 견디다 못해 텐트 밖으로 나갔습니다. 모닥불에 다가앉아 불을 쬐니 신기하게도 몸에서 냉기가 금세 빠져나갔습니다. 그렇게 모닥불 곁에서 날이 새기를 기다렸지요. 다른 사람들도 하나둘 모닥불 가로 나와 앉기 시작했습니다. 옹기종기 앉아서 이런저런 이야기들을 나누다보니 새벽이 왔습니다.

 새벽의 찬 기운 때문인지 배가 살살 아파 와서 작은 돌 언덕 뒤로 돌아갔지요. 그런데 용변을 보려는 순간 너무나 환상적인 장면이 눈앞에 펼쳐졌습니다. 하늘에는 밝은 둥근 달이 떠 있고, 그 달빛을 받아 반짝이는 사막은 눈부시게 아름다웠습니다. 달빛 아래 눈처럼 하얗게 빛나는 사막, 백사막이 있었습니다. 중요한 볼일이 있었다는 사실도 잊은 채 한동안 넋을 잃고 서 있었습니다.

 사막에 은둔하며 수도생활을 했던 수많은 수도자들이 이해되는 순간이었습니다. 그런 척박한 곳에서 어떻게 살았을까 궁금했는데, 사막의 아름다움 앞에 서 보니 알 것 같았습니다. '아! 사막이 이렇게 아름다운 곳이라서 수도자들이 여기서 하느님 체험을 하고, 평생 도시로 돌아가지 않았구나.'

사막은 황량한 곳이라는 그동안의 생각은 편견이었습니다. 오히려 문명을 자랑하는 도시들이 황량한 곳이었습니다.

내 방에는 이집트에서 사 온 그림 한 장이 걸려 있습니다. 사막에 낙타 한 마리가 덩그러니 서 있는 그림이지요. 그 그림을 볼 때마다 생각합니다.

'사막에 가야지.'

살아가면서 가끔씩은 사막을 찾아가 문명에 찌든 영혼을 정화하는 시간을 가질 생각입니다. 내 마음에 사막 하나 만들고 살아야겠습니다.

에필로그

# 다 벗으니 편하시죠

　심리 상담을 받으면서 나의 문제는 바로 '관계 맺기의 문제'였음을 처음으로 알았습니다.

　우리는 태어나서 죽을 때까지 관계 속에서 살아갑니다. 관계는 우리의 인생에 엄청난 영향을 미쳐서 사람을 건강하게 만들 수도 있고 아주 병약하고 미성숙하게 만들 수도 있습니다.

　세상을 살아가면서 우리가 맺는 관계는 크게 세 가지로 나눌 수 있습니다. 우선 '하느님과 나의 관계'가 있습니다.(이것을 '신앙생활'이라고 하지요) 두 번째로 '나와 너의 관계'(너라는 대상에는 부모 형제를 비롯한 수많은 사람들이 포함됩니다)'가 있습니다. 마지막으로 '나와 나 자신의 관계'가 있는데 이 관계가 가장 중요합니다.

　우리는 살아가는 동안 하느님과의 관계나 사회적 관계에는 무척 신경을 씁니다. 하지만 나 자신과의 관계에는 무관심합니다. 무심하다 못해 나 자신과 무지막지하게 관계 맺으며 살아갑니다. 하느님을 사랑하고 이웃을 사랑하려고 노력하면서, 정작 자기 자신을 사랑하려고 시도조차 하지 않습니다. 특히 종교인들 가운데 그런 사람들이 많습니다.

　상담을 하다보면 자기 자신을 사랑하지 않는 사람들이 생각보다 많다는 사실에 깜짝 놀라게 됩니다. 자기 자신을 미워하면 다른 사람을 미워할 때보다 커다란 부작용과 후유증이 생깁니다. 육체적으로는 '신경성'이라는 이름이 붙은 질병들이 발생하고, 심리적으로는 우울증이 나타납니다. 종교를 가진 경우에는 이런 문제들을 신앙생활이라는 껍데기 속에 숨기곤 하지요. 이럴 때 종교는 위험할 수 있습니다. 실제로 종교 안에는 하느님께 가까이 가고 싶은 마음을 무참하게 짓밟아버리는 수많은 병적인 말들이 존재합니다. 좋은 말씀을 가장한 강박적인 이야기들, '하느님의 이름으로' 하는 말들인데도 마음을 움츠리게 만들던 말들, 심리적으로 병든 사람들이 다른 사람의 영혼까지 병들게 하는 말들.

매스컴에서 종교인들의 강론이나 설교, 설법을 듣다가 그런 말들을 들으면 지금도 화가 납니다. 당장 쫓아가서 쥐똥을 먹이고 싶은 충동이 확 일어납니다.

병적인 죄책감은 우리를 하느님께 이끄는 것이 아니라 하느님의 자비를 거부하게 만듭니다. 그런데 현실의 종교는 병적인 죄책감을 부추기는 경향이 있습니다. 주님이 하신 말씀을 어리석은 제자들이 왜곡해서 사람들을 가르쳤음을 깨달았을 때의 희열을 아직도 기억합니다. 아주 오랫동안 가슴을 짓누르던 바윗덩어리가 깨지는 것처럼 후련했습니다. 이런 깨어짐의 과정을 겪으면서 주님과 허심탄회한 대화를 할 수 있었습니다. 주님께 제 마음을 열어 보일 수 있었습니다. 땡깡기도를 할 수도 있었습니다.

때로는 '이상한 신부', '엉터리 신부', '복음대로 말하지 않는 신부' 소리를 듣지만 이젠 그러려니 합니다.

가짜 믿음, 가짜 사랑, 가짜 위안, 가짜 나…… 껍데기를 벗어가면서 영혼의 시원함을 느낍니다.

여러분도 저와 함께 시원하게 벗어보지 않으시렵니까?

신부님의 속풀이 처방전 1
# 벗어야 산다

| | |
|---|---|
| **교회인가** | 2013년 6월 20일 |
| **초판 1쇄 발행** | 2011년 1월 3일 |
| **초판 7쇄 발행** | 2012년 8월 2일 |
| **개정판 1쇄 발행** | 2013년 12월 27일 |
| **개정판 3쇄 발행** | 2017년 4월 27일 |

| | |
|---|---|
| **지은이** | 홍성남 신부 |
| **펴낸이** | 신민식 |

| | |
|---|---|
| **편집** | 경정은 정혜지 |
| **디자인** | 임경선 |
| **마케팅** | 이수정 최초아 |
| **경영지원** | 백형준 박현하 |
| **일러스트** | 안금란 이예휘 |

| | |
|---|---|
| **펴낸곳** | 가디언 |
| **출판등록** | 2010년 4월 27일 |
| **주소** | 서울시 마포구 토정로 222 한국출판콘텐츠센터 319호 |
| **전화** | 02-332-4103(마케팅) 02-332-4104(편집실) |
| **팩스** | 02-332-4111 |
| **인쇄·제본** | (주)상지사 P&B 종이 월드페이퍼(주) |

ISBN 978-89-964899-1-7  03810

책값은 뒤표지에 있습니다.
잘못된 책은 구입한 곳에서 바꿔드립니다.
이 책의 전부 또는 일부 내용을 재사용하려면 사전에 가디언의 동의를 받아야 합니다.
아니무스는 가디언의 영성·심리 출판 브랜드입니다.